LE CAPITALISME EN 10 LEÇONS

TEXTE DE **MICHEL HUSSON**
DESSINS PAR **CHARB**

PETIT COURS ILLUSTRÉ
D'ÉCONOMIE HÉTÉRODOXE

ZONES

Si vous désirez être tenu régulièrement informé de nos parutions, il vous suffit de vous abonner gratuitement à notre lettre d'information bimensuelle par courriel, à partir de notre site www.editions-zones.org, où vous retrouverez l'ensemble de notre catalogue et la plupart de nos titres, intégralement consultables en ligne et pas mal d'autres choses encore.

ISBN 978-2-35522-036-4

Zones est un label des Éditions La Découverte.

Conception graphique : de Valence.

Texte de Michel Husson
Dessins par Charb

Le capitalisme en 10 leçons

Petit cours illustré d'économie hétérodoxe

Zones

INTRODUCTION

Le temps n'est pas si lointain où le seul fait d'employer le mot « capitalisme » suffisait à vous étiqueter, voire à vous disqualifier. Dans les années 1960, l'un des manuels de référence, celui de Raymond Barre [1], prenait grand soin d'éviter le terme, préférant pudiquement parler d'« économie décentralisée ». Ce n'est qu'assez récemment que l'on s'est résolu, dans le débat public, à appeler un chat un chat. Chez les altermondialistes, la dénonciation du capitalisme prend aujourd'hui le relais de celle du néolibéralisme, et toute une série d'ouvrages, sans être forcément radicaux, n'hésitent plus désormais à faire explicitement référence au capitalisme et à ses défaillances [2].

Ce livre, qui se veut une introduction à une analyse critique du capitalisme contemporain, poursuit plusieurs objectifs simples. Le premier est de définir ce qu'est le capitalisme en le distinguant de certains de ses attributs : la monnaie et le marché, par exemple, qui existent avant lui. Un rapide retour sur sa genèse et son histoire est pour cela nécessaire. Il faudra aussi évoquer les représentations théoriques dominantes du capitalisme, afin de montrer qu'elles manquent singulièrement de rigueur, pour une raison essentielle : la prétention de la science économique à vouloir réduire ce qui est un mode d'organisation sociale à un ensemble de lois aussi incontournables que celles de la physique n'est pas fondée.

1. Raymond BARRE, *Économie politique*, Paris, PUF, « Thémis », 1re éd. 1959.

2. Jean-Luc GRÉAU, *L'Avenir du capitalisme*, Paris, Gallimard, janvier 2005, suivi en octobre d'une véritable salve : Jean PEYRELEVADE, *Le Capitalisme total*, Paris, Seuil, 2005 ; Patrick ARTUS et Marie-Paule VIRARD, *Le capitalisme est en train de s'autodétruire*, Paris, La Découverte, 2005 ; Élie COHEN, *Le Nouvel Âge du capitalisme : bulles, krachs et rebonds*, Paris, Fayard, 2005.

Il faut se demander ensuite ce qu'il y a de commun entre des incarnations aussi différentes que, par exemple, les capitalismes suédois et chinois. Si les particularités propres à chaque pays l'emportaient sur les mécanismes communs, alors la notion de capitalisme ne serait qu'une coquille vide. Il en serait de même si le capitalisme contemporain n'avait vraiment plus rien à voir avec celui du XIXe siècle. Il faut donc réussir à rendre compte à la fois des invariants du capitalisme et de la diversité de ses formes concrètes. L'histoire récente du capitalisme permet de mener à bien cette tâche exigeante. Elle conduit à distinguer deux phases historiques (que l'on baptisera par pure commodité « trente glorieuses » et « capitalisme néolibéral »), séparées par le « grand tournant » du début des années 1980. Dans les deux cas, il s'agit bien de capitalisme, mais sa manière de fonctionner n'est pas la même. Cette périodisation est importante parce qu'elle permet de mettre en perspective la crise actuelle et de montrer qu'elle est au fond la crise des solutions apportées à la crise précédente, celle du milieu des années 1970. Cette proposition implique que soient mieux précisées les diverses acceptions du terme « crise ». Mais elle a aussi l'avantage d'éclairer l'impasse dans laquelle se trouve le capitalisme actuel qui entre, faute de solution de rechange, dans une phase de « régulation chaotique ». Enfin, cette périodisation recoupe en grande partie l'histoire de la structuration de l'économie mondiale. Le capitalisme a conquis l'ensemble de la planète et cette mondialisation modifie profondément l'architecture du monde.

Le fil directeur de cet ouvrage est que le capitalisme est entré dans une ère de « rendements décroissants ». Quitte à se faire l'avocat du diable, on rappellera que le capitalisme a conduit à une progression spectaculaire de la productivité du travail, qui est le facteur essentiel de son dynamisme. Mais la diffusion de ces gains de productivité et leur transformation en progrès humain ont pratiquement toujours été obtenues sous la pression de luttes sociales. Aujourd'hui, cette redistribution est grandement freinée par la montée des inégalités qui reflète un rapport de forces dégradé au détriment du travail et en faveur du capital. Mais, plus profondément encore, le capitalisme contemporain se montre de moins en moins capable d'intégrer la satisfaction des besoins humains à sa propre logique. Il réagit au contraire par la

marchandisation du monde qui conduit à l'éviction de certains besoins essentiels : mieux vaut ne pas produire ou investir, si cela doit conduire à une moindre rentabilité. Enfin, les solutions marchandes, les seules qui soient compatibles avec la logique capitaliste, sont manifestement insuffisantes pour répondre aux menaces du réchauffement climatique. Pour toutes ces raisons, le capitalisme contemporain est en train de perdre sa légitimité et son principe d'efficacité paraît aujourd'hui étriqué, voire irrationnel, par rapport aux grands défis de l'humanité.

Chacun des chapitres qui suivent mériterait un ou plusieurs ouvrages et son sujet a donné lieu à une abondante littérature. Ce livre tente de mettre en rapport, de manière aussi cohérente que possible, les différents aspects du capitalisme. C'est pourquoi il alterne des approches descriptives et des analyses plus théoriques. C'est pourquoi aussi les références sont nombreuses. Elles sont nécessaires pour donner les sources utilisées, justifier un certain nombre d'arguments ou renvoyer éventuellement à des développements annexes. L'ensemble de la bibliographie et des liens Internet est disponible à l'adresse suivante : http://hussonet.free.fr/capibib.htm.

1. DE QUOI LE CAPITALISME EST-IL LE NOM ?

« Le capital abhorre l'absence de profit ou un profit minime, comme la nature a horreur du vide. Que le profit soit convenable, et le capital devient courageux : 10 % d'assurés, et on peut l'employer partout ; 20 %, il s'échauffe ; 50 %, il est d'une témérité folle ; à 100 %, il foule aux pieds toutes les lois humaines ; 300 %, et il n'est pas de crime qu'il n'ose commettre, même au risque de la potence. »

Thomas Joseph DUNNING,
Trade Unions and Strikes, 1860.

Pour traiter du capitalisme, il faut d'abord savoir ce dont on parle. Or le mot est mis à toutes les sauces : d'une personne âpre au gain, on dira qu'elle raisonne en « capitaliste ». Certains nous expliquent que le capitalisme existe depuis plusieurs millénaires et évoquent le capitalisme commercial qui a précédé la révolution industrielle. D'autres pensent que le capitalisme est l'horizon indépassable de la vie en société, ou qu'il y aura toujours des possédants et des exécutants. D'autres encore, plus subtilement, expliquent que le capitalisme peut prendre des formes très variées d'un pays à l'autre, ou bien qu'il s'est profondément transformé au cours du temps, de telle sorte que l'on ne peut parler du « capitalisme » en général.

UN ESSAI DE DÉFINITION

Le plus simple est d'énoncer d'entrée la définition du capitalisme qui sous-tendra les chapitres suivants. Le point de départ est que le capital ne se réduit pas à une masse d'argent ou à un parc de machines et d'usines. Le capital se définit comme un *rapport social fondé sur la propriété des moyens de production*.

Cette appropriation privée des moyens de production crée d'emblée un clivage entre ceux qui possèdent et ceux qui, ne possédant rien, doivent vendre leur travail pour vivre. Qui dit propriété privée dit aussi concurrence entre les capitaux – et entre les capitalistes. La concurrence contraint chaque capitaliste à faire croître son propre capital sous peine de faire faillite ; d'où une course sans fin à la recherche du profit, un processus permanent d'autovalorisation. Le miracle du capitalisme, c'est en effet sa capacité à faire du profit : vendre 120 euros des marchandises dont la production a nécessité une mise de 100. Une fois lancée, et c'est là sa grande force, cette machine à produire de la valeur conduit à une augmentation considérable de la capacité productive d'une société.

Cette définition ramassée peut paraître un peu désincarnée. Pour l'animer, il faut la confronter, d'une part à la genèse du capitalisme – son histoire – et, d'autre part, à ses diverses formes d'incarnation, les variétés du capitalisme.

LA GENÈSE DU CAPITALISME

Il serait présomptueux de vouloir résumer en quelques pages une histoire complexe qui s'étale sur plusieurs siècles. Le propos est ici d'insister sur ce que n'est pas le capitalisme et de bien délimiter ses traits spécifiques. Il faut aller à l'encontre, non seulement d'une vision idéologique, mais aussi d'une dilution de la notion de capitalisme qui l'assimilerait à l'appât du gain perçu comme un attribut éternel de l'espèce humaine.

Les études sur le développement du capitalisme s'organisent selon deux grandes lignes d'interprétation. La première consiste à dire que le capitalisme a toujours existé, mais qu'il était en quelque sorte bridé par les structures sociales, par exemple par le féodalisme. Cette vision correspond à celle d'Adam Smith, pour qui la division du travail « est la conséquence nécessaire, quoique lente et graduelle, d'un certain penchant naturel à tous

les hommes [...] qui les porte à trafiquer, à faire des trocs et des échanges d'une chose pour une autre [1] ». Le penchant naturel de « tous les hommes » conduit à la division du travail et, tout naturellement, au capitalisme.

Mais il est une autre lecture, plus conforme à l'histoire, qui conteste l'existence de ce « penchant naturel ». Son meilleur exposant est Karl Polanyi [2] qui montre au contraire que l'introduction du capitalisme représente une véritable rupture par rapport aux mécanismes sociaux antérieurs. Il établit une différence fondamentale entre les sociétés « avec marché » et la « société de marché », autrement dit le capitalisme. Le marché n'implique donc pas le capitalisme. Il existait avant le capitalisme et l'on peut concevoir une société postcapitaliste qui n'abolisse pas le mar-

1. Adam SMITH, *Recherches sur la nature et les causes de la richesse des nations* [1776], livre I, chapitre II, Paris, Gallimard, « Idées », 1976, p. 47, http://gesd.free.fr/smith76.pdf.

2. Karl POLANYI, *La Grande Transformation*, Paris, Gallimard, 1983.

ché mais l'encadre, le limite et le socialise. Polanyi est d'ailleurs un précurseur de la critique de la marchandisation et insiste sur ce qui ne doit et ne peut pas vraiment, sous peine de graves dysfonctionnements sociaux, être transformé en marchandises : le travail, la terre et la monnaie ; pour lui, « aucun de ces trois éléments [...] n'est produit pour la vente ; lorsqu'on les décrit comme des marchandises, c'est entièrement fictif [1] ».

Cette distinction peut être étendue à d'autres éléments : ainsi le commerce, la production artisanale de biens et la monnaie ont existé avant le capitalisme. Ce sont trois piliers sur lesquels ce système a pris appui dans son développement. Le capitalisme a commencé par être un capitalisme commercial, principalement à travers le développement du commerce au long cours et des expéditions et conquêtes coloniales. On pourrait soutenir que la mondialisation a elle aussi existé avant le plein développement du capitalisme, ce qui inciterait à abandonner une vision « eurocentrée » du monde précapitaliste. Cependant, durant une très longue période, « le développement du capital marchand est resté limité et subordonné par des rapports de production faisant de l'usage et par conséquent de la valeur d'usage le but de toute l'activité productive [2] ».

Les régions découvertes puis colonisées ont permis de se procurer des produits rares ou précieux, notamment l'or qui représentait alors la richesse incarnée. Le mercantilisme est l'idéologie de cette pratique : un pays est d'autant plus riche qu'il est capable d'accumuler des réserves en or ou en métaux précieux. Autour de ces activités s'est par ailleurs greffé un capitalisme de négoce qui avait besoin d'être soutenu par des banques. C'est principalement à Venise, Anvers, Gênes et Amsterdam que le capitalisme marchand prend son essor aux XIVe, XVe et XVIe siècles. Le commerce lointain approvisionne les foires et procure des profits très élevés, mais assortis de risques considérables. Ce mode d'enrichissement fondé sur le pillage et l'échange inégal conduit à la création de ce que Fernand Braudel appelle une « économie-monde [3] » dominée par les centres commerciaux européens. Il oppose ce capitalisme

1. *Ibid.*, p. 107.

2. Alain Bihr, *La Préhistoire du capital*, 1. *Le Devenir-monde du capitalisme*, Lausanne, Page Deux, 2006, p. 191.

3. Fernand Braudel, *La Dynamique du capitalisme*, Paris, Flammarion, 1998.

commercial prédateur à l'économie locale qui serait une « économie de marché » concurrentielle et relativement régulée. Ce capitalisme d'aventuriers, où commence à se forger l'esprit d'entreprise, diffère du capitalisme constitué : le profit naît dans la sphère commerciale plutôt que dans la production.

Mais cette réussite du capitalisme commercial ne suffit pas à elle seule à opérer un tournant vers le capitalisme industriel. Celui-ci aura lieu en Angleterre, alors même qu'au départ « les Anglais possédaient un système commercial et une technologie inférieurs à ceux de leurs rivaux hollandais [1] ».

Le capitalisme industriel se met progressivement en place aux XVIIe et XVIIIe siècles, sous forme de manufactures qui se développent notamment en Angleterre en liaison avec son activité commerciale. Dans le même temps, l'artisanat connaît lui aussi un essor, à partir de la production de vêtements et des outils nécessaires à l'agriculture ou à l'industrie naissante. Cependant, les techniques de production n'ont pas évolué et restent de type artisanal, avec un développement limité des premières manufactures qui se contentent de concentrer la main-d'œuvre dans de grands ateliers. Marx parle, pour décrire cette situation transitoire, de soumission ou subsomption formelle du travail au capital ; à ses yeux, il ne s'agit pas encore du mode de production « proprement capitaliste » dans la mesure où le profit reste fondé sur la compression des salaires et sur l'allongement de la durée du travail, mais pas sur une véritable transformation des méthodes de production : « La subsomption *réelle* du travail sous le capital – le *mode de production proprement capitaliste* – n'intervient que lorsque les capitalistes d'une certaine taille se sont emparés de la production de façon directe, soit que le marchand devienne capitaliste industriel, soit que sur la base de la *subsomption formelle* se soient constitués des capitalistes industriels d'une certaine importance [2]. »

1. *Ibid.*, p. 150. Les Provinces-Unies ont connu leur âge d'or « mais comme la dernière et la plus évoluée des sociétés marchandes non capitalistes », et cette réussite « ne reposait pas sur les performances de producteurs se livrant à la concurrence », Ellen Meiksins Wood, *L'Origine du capitalisme*, Montréal, Lux, 2009, p. 149. D'autres analyses invoquent la démographie, mais Robert Brenner montre que ce facteur n'est pas non plus discriminant. Voir Robert Brenner, « The agrarian roots of European capitalism », *Past & Present*, n° 97, novembre 1982, http://gesd.free.fr/brenner82.pdf.

2. Karl Marx, *Le Sixième Chapitre*, Paris, La Dispute/Éditions sociales, 2010, p. 192.

Ce capitalisme primitif n'est donc pas encore le capitalisme développé, qui ne se réduit pas au commerce ou au pillage, ni même à l'échange inégal. Toutes les conditions de son véritable essor n'étaient pas encore réunies. Il fallait d'abord rendre une main-d'œuvre disponible pour ce nouveau mode de production. Ce fut accompli de diverses manières : par d'importants gains de productivité dans l'agriculture et par la destruction progressive des *commons*, autrement dit des formes d'exploitation collective des terres. Il fallait par ailleurs transformer les ateliers des anciennes fabriques en grande industrie.

Sur le premier point, il faut insister sur l'interaction entre le commerce international de type colonial et la libération de main-d'œuvre. Les travaux de l'historien Kenneth Pomeranz [1] jettent un éclairage nouveau sur l'essor du capitalisme en Angleterre, à partir d'une comparaison avec la région du delta du Yangzi en Chine (autour de Shanghai). Ces deux régions présentaient des « ressemblances étonnantes » et avaient *a priori* des atouts comparables. L'économie européenne ne disposait pas d'avantages décisifs, qu'il s'agisse du capital accumulé ou des institutions économiques. Comment se fait-il alors que l'industrialisation ait eu lieu en Angleterre et pas en Chine ?

L'une des explications réside dans les ressources – par exemple, le coton – que l'Angleterre tirait du commerce international : elles permettaient d'économiser les terres et de transférer des travailleurs hors de l'agriculture, autrement dit de fournir une main-d'œuvre abondante pour les autres secteurs. C'est ce facteur, plutôt que l'introduction de nouvelles technologies, qui explique la croissance de la productivité britannique [2]. Le deuxième facteur est lié à l'énergie. En Angleterre, les ressources en charbon étaient facilement accessibles et exploitables, tandis que le delta du Yangzi manquait de sources d'énergie. Le recours au charbon fossile en Angleterre a eu des effets collatéraux positifs, en mettant un terme à la déforestation et en libérant des hectares de terre pour d'autres productions que le charbon de bois.

1. Kenneth POMERANZ, *Une grande divergence. La Chine, l'Europe et la construction de l'économie mondiale*, Paris, Albin Michel, 2010.

2. Kenneth POMERANZ, « Le machinisme induit-il une discontinuité historique ? », *in* Philippe BEAUJARD, Laurent BERGER et Philippe NOREL (dir.), *Histoire globale, mondialisations et capitalismes*, La Découverte, « Recherches », 2009.

Pomeranz met aussi en évidence un autre mécanisme : les mines anglaises, qui avaient tendance à se remplir d'eau, nécessitaient de continuelles opérations de pompage. Or, pour actionner ces pompes, on recourait à des machines à vapeur, elles-mêmes alimentées au charbon. C'est ainsi que les difficultés liées à l'exploitation du charbon poussèrent au perfectionnement et à l'augmentation du rendement des machines à vapeur [1].

La grille de lecture de Pomeranz articule de manière passionnante les différentes déterminations et permet de comprendre que la révolution industrielle naît d'une combinaison assez aléatoire de contraintes géologiques, de ressources extérieures, de mise à

1. Avant l'introduction des moteurs à vapeur, les pompes étaient actionnées pas des chevaux, et c'est de là que vient le cheval-vapeur comme unité de mesure de puissance.

disponibilité d'une force de travail et de progrès technologiques. Cette alchimie très particulière permet de comprendre pourquoi l'essor du capitalisme n'a rien de prédéterminé. On pourrait sans doute reprocher à Pomeranz de laisser de côté des facteurs géopolitiques, comme les guerres de l'opium du milieu du XIXe siècle – qui ont sans aucun doute pesé sur les possibilités de développement autonome de la Chine. Mais il a surtout tendance à sous-estimer le rôle des mutations sociales à la campagne.

LA MUTATION DES RAPPORTS SOCIAUX

L'attention aux rapports sociaux renvoie à la thèse de Marx, selon laquelle « la base de toute cette évolution [qui conduit au capitalisme], c'est l'expropriation des cultivateurs [1] ». On la retrouve, avec des nuances et des approfondissements, dans les travaux de marxistes contemporains tels Maurice Dobb [2], Robert Brenner ou Ellen Meiksins Wood. Le point de départ du développement du capitalisme agraire en Angleterre est en effet le processus d'*enclosure* qui a consisté à supprimer les droits d'accès aux *commons* (les terres communales). Marx écrit dans *Le Capital* que « la forme parlementaire du vol commis sur les communes est celle de lois sur la clôture des terres communales (*bills for inclosures of commons*). Ce sont en réalité des décrets au moyen desquels les propriétaires fonciers se font eux-mêmes cadeau des biens communaux, des décrets d'expropriation du peuple [3] ». Cette expropriation a eu pour effet de créer une main-d'œuvre dépourvue de ressources et disponible pour constituer la classe ouvrière industrielle naissante. Robert Brenner [4] insiste sur une autre caractéristique décisive dans la formation de ce capitalisme agraire, à savoir les relations entre propriétaires terriens et paysans (Brenner parle de « rapports d'extraction du surplus »). Pour simplifier, les liens de servage avaient disparu et les terres étaient cultivées par des fermiers. Le seul moyen de s'enrichir pour les seigneurs anglais passait par une réduction de coûts et l'augmentation de la productivité du travail.

1. Karl MARX, *Le Capital*, livre I, section VIII, Paris, Éditions sociales, 1974, p. 156. L'ensemble de cette section sur l'accumulation primitive est disponible sur : http://gesd.free.fr/accuprim.pdf.

2. Maurice DOBB et Paul SWEEZY, *Du féodalisme au capitalisme : problèmes de la transition*, Paris, Maspero, 1977.

3. Karl MARX, *Le Capital*, livre I, section VIII, *op. cit.*, p. 165.

4. Robert BRENNER, « Agrarian class structure and economic development in pre-industrial Europe », *Past & Present*, n° 70, février 1976, http://gesd.free.fr/brenner76.pdf.

ON PIQUE LA TERRE AU PAYSAN, ON EN FAIT UN CHÔMEUR QU'ON TRANSFORME EN OUVRIER DANS NOS USINES...
ÇA FERAIT DE NOUS DE BEAUX SALOPARDS...
ON DIRA "CAPITAINES D'INDUSTRIE," MY LORD...
C'EST VRAI QU'EN PLUS DES TERRES ET DES USINES, NOUS CONTRÔLONS LES DICTIONNAIRES...

En France, au contraire, la coercition exercée était beaucoup plus forte, et « la manière la plus simple pour le seigneur d'accroître le rendement de ses terres n'était pas de faire des investissements en capital et d'introduire de nouvelles techniques, mais de "pressurer" les paysans, en augmentant la valeur des rentes [1] ». Et leur position de force, garantie par une monarchie absolutiste, leur permettait de le faire. En Angleterre, au contraire, « les seigneurs avaient tendance à encourager leurs fermiers à trouver des façons de réduire les coûts, en augmentant la productivité du travail [2] ». Ces gains de productivité étaient nécessaires pour répondre aux besoins des ouvriers ayant quitté la terre, faute de quoi « le capitalisme industriel ne serait sans doute pas né en Angleterre [3] ».

Il est donc possible de parler de capitalisme agraire, parce que c'est en grande partie dans les campagnes que se sont développés les rapports sociaux capitalistes. Mais, encore une fois, cette mutation n'avait rien d'un processus linéaire : pour que le capitalisme « vienne au monde », souligne Marx, il faut que « partiellement au moins, les moyens de production aient déjà été arrachés sans phrases aux producteurs, qui les employaient à réaliser leur propre travail, et qu'ils se trouvent déjà détenus par des producteurs marchands, qui eux les emploient à spéculer sur le travail d'autrui [4] ».

Dans ce processus qui n'a rien de linéaire ou de spontané, l'État joue son rôle. C'est lui, par exemple, qui contribue à l'essor des banques chargées d'assurer le financement. De manière plus générale, « la bourgeoisie naissante ne saurait se passer de l'intervention constante de l'État ; elle s'en sert pour "régler" le salaire, c'est-à-dire pour le déprimer au niveau convenable, pour prolonger la journée de travail et maintenir le travailleur lui-même au degré de dépendance voulu. C'est là un moment essentiel de l'accumulation primitive ». Ce n'est qu'ensuite, « dans le cours ordinaire des choses », que « le travailleur peut être abandonné à l'action des "lois naturelles" de la société, c'est-à-dire à la dépendance du capital, engendrée, garantie et perpétuée par le mécanisme même de la production ». Mais « il en est autrement pendant la genèse historique de la production capitaliste [5] ».

1. *Ibid.*, p. 48.

2. Ellen Meiksins Wood, *L'Origine du capitalisme*, *op. cit.*, p. 159.

3. *Ibid.*, p. 224.

4. Karl Marx, *Le Capital*, livre I, section VIII, *op. cit.*, p. 165.

5. *Ibid.*, p. 178-179.

En renouant ainsi avec l'analyse de l'accumulation primitive, on retrouve cette idée essentielle sur la nature du capital comme rapport social : « Un "nègre" est un "nègre". C'est seulement dans des conditions déterminées qu'il devient esclave. Une machine à filer le coton est une machine pour filer le coton. C'est seulement dans des conditions déterminées qu'elle devient du *capital* [...]. Pour produire, [les hommes] entrent en relations et en rapports déterminés les uns avec les autres, et ce n'est que dans les limites de ces relations et de ces rapports sociaux que s'établit leur action sur la nature, la production [1]. »

LE RÔLE DE LA TECHNIQUE

Parmi les analyses du capitalisme, on peut discerner une grille de lecture « technologisante » qui fait dépendre le dynamisme du capitalisme d'innovations techniques. Aujourd'hui, par exemple, la référence aux nouvelles technologies de l'information et de la communication (NTIC) est devenue un lieu commun. La stratégie de Lisbonne visait par exemple à faire de l'Europe « l'économie de la connaissance la plus compétitive et la plus dynamique du monde d'ici à 2010, capable d'une croissance économique durable accompagnée d'une amélioration quantitative et qualitative de l'emploi et d'une plus grande cohésion sociale ». Cet échantillon de novlangue méritait d'être cité pour souligner à quel point la dynamique économique et même la cohésion sociale sont conçues comme étroitement dépendantes de la diffusion des innovations technologiques. Au moment où était énoncée cette « stratégie », on parlait de « nouvelle économie », en pleine explosion de la bulle Internet. *The Economist* du 10 décembre 2000 en proposait la définition suivante : « Une augmentation durable du taux de croissance de la productivité du travail résultant de l'introduction ou de la diffusion des technologies de l'information. » Cette position doit être replacée dans son contexte : elle cherchait à donner une base objective à cette exubérance irrationnelle qui avait fait exploser les cours de la Bourse de manière complètement déconnectée des « fondamentaux » de l'économie. On découvrira d'ailleurs assez vite que les

1. Karl MARX, *Travail salarié et capital*, 1849, *in* Karl MARX et Friedrich ENGELS, *Œuvres choisies*, Moscou, Éditions du Progrès, 1955, p. 83-84, http://gesd.free.fr/travsala.pdf.

gains de productivité n'étaient pas durables et avaient plutôt à voir avec un cycle *high-tech* sans lendemain [1].

L'idée d'un lien entre technologie et dynamisme du capitalisme est cependant juste et plusieurs économistes l'ont travaillée, dont Schumpeter et sa thématique de la « destruction créatrice [2] ». Le point de départ est le constat que l'histoire du capitalisme est marquée par une succession de cycles, de phases ou d'ondes qui font alterner des périodes d'expansion soutenue avec des périodes de

1. Voir Michel Husson, « Après la nouvelle économie », *Variations*, n° 3, 2002, http://hussonet.free.fr/apres.pdf.

2. L'économiste autrichien Joseph Aloïs Schumpeter (1883-1950) expose notamment cette notion dans son ouvrage *Capitalisme, socialisme et démocratie* [1942], Paris, Payot, 1990.

faible croissance. C'est Kondratieff qui a donné son nom à ce qu'il appelait des cycles longs, mais qui correspondent plutôt à des phases historiques dont la durée, même si elle n'est pas fixée mécaniquement, est de l'ordre de vingt-cinq à trente ans [1]. S'il existe un lien organique entre la succession des ondes longues et celle des révolutions scientifiques et techniques, cette mise en relation ne peut cependant se ramener à une vision où l'innovation serait en soi la clé de l'ouverture d'une nouvelle phase expansive [2]. Le développement technologique n'a jamais suivi un processus de « darwinisme économique » analogue à celui de la sélection naturelle. C'est ce que montre David Noble dans son livre classique [3] : les choix d'investissement qui permettent de développer de nouvelles technologies et de les rendre économiquement viables ne dépendent pas seulement de leurs potentialités intrinsèques, mais aussi « d'intérêts politiques, d'anticipations enthousiastes et de contraintes culturelles ». Autrement dit, « toutes les options technologiques ne naissent pas égales ». Les exigences propres de la recherche militaire (ou spatiale) ont toujours pesé sur la détermination des priorités. Les innovations portant sur les méthodes de production sont plus souvent guidées par la volonté de réduire les effectifs employés ou le niveau de qualification requis que par l'amélioration des conditions de travail. Noble rappelle que le métier à tisser conçu en 1804 par Jacquard avait été commandé par les filateurs lyonnais pour réduire la main-d'œuvre. Et ces premières machines furent brûlées par les ouvriers, préfigurant la révolte des Canuts de 1831.

Les performances du capitalisme reposent sur la mobilisation de la technologie et sur une grande capacité d'innovation. Cependant, la trajectoire suivie n'est pas neutre, parce que le capitalisme sélectionne les technologies adéquates à ses exigences propres. En outre, les technologies ne définissent pas automatiquement un ordre productif cohérent, de telle sorte qu'il n'y a pas d'issue exclusivement technologique aux crises du

1. L'économiste soviétique Nikolaï Dmitrievitch KONDRATIEV (1892-1938), dans *Les Grands Cycles de la conjoncture* [1928], Paris, Economica, 1992.

2. De ce point de vue, les mutations liées à l'informatique constituent à n'en pas douter un nouveau « paradigme technico-économique » – mais cela ne suffit pas à fonder une nouvelle phase expansive. Il est d'autant plus urgent de prendre ses distances avec un certain scientisme que les avocats du capitalisme le reprennent à leur compte en feignant de croire que la révolution technologique en cours suffirait à définir un modèle social cohérent.

3. David NOBLE, *Forces of Production. A Social History of Industrial Automation*, New York, Alfred A. Knopf, 1984.

PATRON!
J'AI INVENTÉ LA MACHINE À LAVER QUI DURE MILLE ANS!
QUOI!
ABRUTI!

capitalisme. Enfin, et peut-être surtout, le développement du capitalisme dépend grandement des sources d'énergie qui lui ont fourni sa force productive, à des coûts très faibles, sans prendre en compte les effets sur l'environnement.

Ce bref survol permet de souligner cette idée générale : le capitalisme ne se développe pas de manière « naturelle ». Il implique en effet un bouleversement des rapports sociaux qui ne peut se réaliser dans n'importe quelles conditions. Cette grille de lecture conserve toute son actualité pour comprendre l'essor des capitalismes « émergents ».

UN ESPRIT DU CAPITALISME ?

Cette approche enracinée dans les rapports sociaux conduit à relativiser les lectures de la genèse du capitalisme qui mettent exclusivement l'accent sur des facteurs culturels et religieux. Werner Sombart associait l'essor du capitalisme à la mentalité juive [1]. Pour Max Weber, qui avance le concept d'« esprit du capitalisme [moderne] pour caractériser la recherche rationnelle et systématique du profit par l'exercice d'une profession [2] », les racines sont plutôt à chercher du côté de l'éthique protestante.

La référence à Weber, qui critique lui-même « la doctrine simpliste du matérialisme historique, suivant laquelle de telles idées sont le reflet, ou la superstructure, de situations économiques données [3] », est souvent opposée à l'approche marxiste. Mais Weber n'oubliait pas de préciser que, « dans la mesure où l'individu est impliqué dans les rapports de l'économie de marché, il est contraint à se conformer aux règles d'action capitalistes. Le fabricant qui agirait continuellement à l'encontre de ces règles serait éliminé de la scène économique tout aussi infailliblement que serait jeté à la rue l'ouvrier qui ne pourrait, ou ne voudrait, s'y adapter [4] ». On ne peut que souscrire à ces affirmations, qui nuancent la thèse d'un rôle autonome des idées.

Dans une forme de tradition wébérienne, on a tenté d'expliquer les succès économiques des pays par des dispositions

1. Werner SOMBART, *Jews and Modern Capitalism* [1911], New Brunswick, Transaction Books, 1982, http://gesd.free.fr/sombjews.pdf.

2. Max WEBER, *L'Éthique protestante et l'esprit du capitalisme* [1904-1905], Paris, Pocket, 1989, p. 66, http://gesd.free.fr/weber45.pdf.

3. *Ibid.*, p. 52.

4. *Ibid.*, p. 51.

culturelles particulières, propres à certaines nations. Du temps où le Japon était encore un « modèle », l'économiste japonais Michio Morishima (émigré à la London School of Economics) publiait un livre [1] où il expliquait les « succès » (entre guillemets cependant) du capitalisme japonais à partir des valeurs de sacrifice et de loyauté propres au confucianisme. Mais, quelques années plus tard, en 1999, il publiait un nouveau livre (en japonais cette fois) intitulé *Pourquoi le Japon va s'effondrer*. Ce réajustement montre à quel point les explications strictement culturalistes peuvent être éphémères.

Plus près de nous, les organismes d'orientation néolibérale comme l'OCDE cherchent à rendre compte des performances relatives des différents pays – notamment en matière d'emploi – par des traits spécifiques, plus institutionnels, il est vrai, que culturels ou éthiques. Mais l'intention est la même : il s'agit de subordonner l'analyse économique aux formes d'organisation sociale qui renvoient elles-mêmes aux esprits nationaux.

La boucle est enfin bouclée avec certains auteurs contemporains qui cherchent à expliquer le fonctionnement de l'économie, en particulier les marchés du travail, par référence aux valeurs des différents peuples, voire des différentes ethnies. En 2008, le prix du Livre d'économie est ainsi allé à Yann Algan et Pierre Cahuc pour un bref ouvrage [2], où ils établissent toute une série de corrélations. Les pays qui ont les taux d'emploi les plus élevés seraient par exemple ceux où une plus grande proportion de personnes répond qu'il est « possible de faire confiance aux autres ». Cette bonne volonté n'est d'ailleurs pas récompensée, puisque la confiance ainsi mesurée est associée à un salaire minimum inférieur (on n'est donc jamais assez méfiant). La confiance, cet autre état d'esprit, est favorable au bon fonctionnement « des marchés » (lire : « du capitalisme ») car elle facilite une « concurrence pacifique et équitable ». La France, en revanche, avec son État interventionniste et son modèle social rigide, est victime d'un cercle vicieux où la défiance nourrit la méfiance : « Le déficit de

1. Michio Morishima, *Why Has Japan « Succeeded » ? Western Technology and the Japanese Ethos*, Cambridge, Cambridge University Press, 1982. Trad. fr. *Capitalisme et confucianisme : l'éthique japonaise et la technologie occidentale*, Paris, Flammarion, 1987.

2. Yann Algan et Pierre Cahuc, *La Société de défiance : comment le modèle social français s'autodétruit*, Paris, Éditions Rue d'Ulm, 2007, http://gesd.free.fr/opus09.pdf.

RÊVE DU PATRON AMÉRICAIN:
DOUBLER MES PROFITS L'ANNÉE PROCHAINE!
RÊVE DU PATRON FRANÇAIS:
ME FAIRE EMBAUCHER À LA POSTE...
BRILLANT ÉCONOMISTE
NOUS PROUVONS ICI QUE LE FRANÇAIS A UN PROBLÈME AVEC LE CAPITALISME!

confiance des Français est logiquement associé à la peur du marché. Cette peur suscite une demande de réglementation limitant la concurrence. Mais la limitation de la concurrence crée des rentes de situation qui nourrissent la corruption et entretiennent la défiance mutuelle [1]. »

Cette théorisation, qui utilise sans discernement les enquêtes d'opinion qualitatives [2], revient au fond à classer les nations selon le degré de tricherie de leur population, assimilé à une réticence néfaste à l'esprit du capitalisme. Cette version très dégradée de l'approche wébérienne franchit un pas supplémentaire en cherchant à démontrer le caractère atavique, quasi génétique, de ces déterminations, imperméables à l'environnement social et culturel. Ainsi, les descendants d'immigrés français aux États-Unis auraient conservé leur incivisme congénital et resteraient proches de leurs cousins restés en France. De telles dérives représentent autant de tentatives de rendre compte de la diversité des capitalismes concrets en faisant des « mentalités » le seul principe pouvant rendre compte de ces différences.

LES VARIÉTÉS DE CAPITALISME

Le capitalisme s'est aujourd'hui presque entièrement imposé au monde. Mais il s'incarne de manière très différente selon les pays ou les régions. Comment rendre compte de cette diversité ? À négliger la diversité des institutions et des arrangements sociaux, on verse rapidement dans l'« économicisme » qui consiste à tout ramener à des déterminations économiques. Réciproquement, la focalisation sur les spécificités peut faire oublier les tendances communes et surestimer la malléabilité du capitalisme. On retrouve ici la distinction de Marx entre le mode de production capitaliste, avec sa cohérence propre, et les formations sociales qui peuvent combiner plusieurs modes de production ou disposer d'institutions et de relations sociales diversifiées.

Le point de vue qui sera adopté ici sera plutôt de chercher à dégager les invariants du capitalisme, au-delà des formes concrètes qu'il incarne. La raison de ce choix découle de l'examen de la

1. *Ibid.*, p. 57.

2. Pour une critique serrée et dévastatrice, voir Jacques Rodriguez et Jean-Michel Wachsberger, « Mesurer la confiance, dénoncer la défiance : deux économistes au chevet du modèle social français », *Revue française de sociologie*, vol. 50, n° 1, 2009, http://gesd.free.fr/5010152.pdf.

dynamique du ou des capitalismes depuis quelques décennies. Elle va plutôt dans le sens d'une convergence vers le bas. Celle-ci n'efface évidemment pas les spécificités de chaque capitalisme, mais leur mise en concurrence conduit à ce que « le mauvais capitalisme chasse le bon », pour reprendre une formule de Robert Boyer [1]. Il suffit pour s'en convaincre de se remémorer la longue liste des « modèles » qui nous furent successivement proposés : le toyotisme japonais, le capitalisme « rhénan », les social-démocraties nordiques, le Royaume-Uni, le Danemark, sans parler de la « grande machine à créer des emplois » ou la « net-économie » américaine. Pour ne prendre qu'un exemple, l'OCDE note que, « depuis 2000, les inégalités de revenu et la pauvreté ont augmenté plus vite en Allemagne que dans n'importe quel autre pays de l'OCDE [2] ».

La crise ou plutôt les crises successives sont passées par là et ont servi de révélateur. Chacun de ces supposés « modèles » a connu de fortes perturbations. À l'intérieur de l'Europe, le modèle allemand a été soumis à des politiques néolibérales très vigoureuses qui ont conduit au blocage des salaires et à la croissance des petits boulots et de la pauvreté. Et cette involution, couplée avec une politique de concurrence à outrance, conduit à une remise en cause continuelle du modèle social européen.

La mondialisation, comprise comme la mise en concurrence des salariés de tous les pays, exerce une pression permanente sur l'ensemble des rapports sociaux, dans le sens d'un durcissement. Elle n'a pas pour autant supprimé les différences : un véritable gouffre sépare le salarié chinois et le salarié européen, mais il est pourtant frappant de voir qu'ils sont soumis à des mécanismes de mise en concurrence qui renvoient à la même logique. La course à la compétitivité et l'exclusion de franges entières de la population sont des processus universels que l'on retrouve, sous des formes sociales complètement différentes, dans des pays dont le niveau de développement est sans commune mesure. Les mécanismes qui engendrent une précarité croissante dans les pays riches sont de nature comparable à ceux qui marginalisent et paupérisent les paysans dans les pays pauvres.

1. Robert Boyer, « Le mauvais capitalisme chasse le bon », *Le Monde*, 4 juin 1996.

2. OCDE, « Growing unequal ? », *Country note : Germany*, 2008, http://gesd.free.fr/inegaa.pdf.

LE DÉCOR IDÉOLOGIQUE

Les avocats du capitalisme comme horizon indépassable reprennent, sans les dépasser non plus, les arguments d'un livre fameux de W. W. Rostow, *Les Étapes de la croissance économique*, publié en 1960 [1]. Dans l'histoire du monde, Rostow distingue cinq étapes : 1) la société traditionnelle ; 2) les conditions préalables au décollage ; 3) le décollage ; 4) la marche vers la maturité ; 5) l'ère de la consommation de masse. Cette histoire recouvre au fond celle de la productivité du travail. Elle stagne dans la société traditionnelle qui reste essentiellement agricole. Les conditions préalables permettent des premiers gains de productivité dans l'agriculture, puis

1. Walt Whitman Rostow, *Les Étapes de la croissance économique. Un manifeste non communiste* [1960], Paris, Economica, 1997, 3e éd.

dans l'industrie naissante. La phase du décollage marque la transition vers des gains de productivité réguliers et donc une croissance soutenue. C'est la révolution industrielle. La généralisation du progrès technique conduit à la maturité, puis à l'ère de la consommation de masse, marquée par le développement des services. À ce moment, d'une certaine manière, l'histoire s'arrête.

Il est curieux que le livre de Rostow soit sous-titré *Un manifeste non communiste*, étant donné qu'il se borne en fait à reprendre les versions bas de gamme du « matérialisme historique », où le développement des forces productives fait passer mécaniquement d'un mode de production à l'autre : communisme primitif, esclavagisme, féodalisme, capitalisme et enfin communisme. Certes, le point d'aboutissement n'est pas le même ; il s'agit ici de l'« ère de la consommation de masse » – autrement dit, le capitalisme –, mais la logique d'ensemble est au fond identique : les progrès de la technique conduisent à un système ultime qui marque, encore une fois, la fin de l'histoire. Cette idée d'un parcours tout tracé, au-delà de bifurcations et de points d'arrêt qui ne seraient au fond que des péripéties, a au contraire été contestée par des versions plus subtiles du marxisme, attachées à une conception non linéaire de l'histoire.

Le livre de Rostow était en grande partie une offensive préventive contre les analyses du sous-développement qui mettaient alors l'accent sur les effets de domination des pays les plus avancés. Le phénomène de la montée en puissance des pays dits « émergents » modifie les termes de ce débat qui peut paraître périmé. Mais la grille de lecture de Rostow sous-tend, encore aujourd'hui, la conception libérale du monde : le destin de toute société est, grâce au progrès, d'accéder *in fine* à l'ère de la consommation de masse. Tout cela est parfaitement linéaire : il n'y a qu'un seul chemin et chaque pays doit chercher à réunir les conditions du décollage qui permettra d'accéder au nirvana capitaliste. Cette conception du monde fait également référence à la démocratie. Celle-ci entretiendrait des liens de cause à effet avec le développement du capitalisme. À peu près à la même époque, Milton Friedman soutenait [1] que la liberté économique est une

1. Milton FRIEDMAN, *Capitalisme et liberté*, Paris, Robert Laffont, 1971.

condition nécessaire à toute liberté politique. Et *vice versa* : toute atteinte à la liberté économique conduirait inévitablement à la pire des dictatures. Voilà pourquoi le capitalisme est le meilleur ou le moins mauvais des systèmes et qu'il serait vain de vouloir le dépasser. On reconnaît là les termes d'un argumentaire parfaitement contemporain qui cherche à dissuader de toute réflexion sur un postcapitalisme possible en le disqualifiant comme un totalitarisme potentiel.

Bibliographie choisie

BAIROCH Paul, *Victoires et déboires*, Paris, Gallimard, 1997.
BEAUD Michel, *Histoire du capitalisme*, Paris, Seuil, 2010.
BRAUDEL Fernand, *La Dynamique du capitalisme*, Paris, Flammarion, 1998.
MARX Karl, deux extraits du livre I du *Capital*, Paris, Éditions sociales, 1974 :
– *L'Accumulation primitive* (section VIII), http://gesd.free.fr/accuprim.pdf.
– *Machinisme et grande industrie* (chapitre XV), http://gesd.free.fr/machini.pdf.
MEIKSINS WOOD Ellen, *L'Origine du capitalisme*, Montréal, Lux, 2009.
POLANYI Karl, *La Grande Transformation*, Paris, Gallimard, 1983.
POMERANZ Kenneth, *Une grande divergence*, Paris, Albin Michel, 2010.

2. D'OÙ VIENT LE PROFIT ?

« Gardons-nous de la dangereuse théorie de cet équilibre qui se rétablit de lui-même. Un certain équilibre se rétablit, il est vrai, à la longue, mais c'est par une effroyable souffrance. »

Jean DE SISMONDI, *Nouveaux Principes d'économie politique*, 1819.

Pour vraiment comprendre le capitalisme, il faut un cadre théorique. Or il y a pléthore ! L'économie politique, la discipline qui prend le capitalisme comme objet d'étude et naît avec lui, est fragmentée en plusieurs paradigmes : classique (Ricardo [1]), marxiste, néoclassique (Walras [2]) et keynésien [3]. Aujourd'hui, c'est la version néoclassique qui constitue le noyau dur de l'économie dominante et est donc censée offrir une vision cohérente du capitalisme. Nous allons interroger cette prétention, autour de deux questions clés : qu'est-ce que le profit ? Comment se réalise l'« allocation des ressources rares entre des fins alternatives [4] » sous le capitalisme ?

1. L'économiste anglais David RICARDO (1772-1823) est l'auteur de *Des principes de l'économie politique et de l'impôt* (1817).

2. Léon Walras (1834-1910), économiste français.

3. Du nom de l'économiste britannique John Maynard Keynes (1883-1946).

4. Pour reprendre la définition canonique de Lionel Robbins, dans *An Essay on the Nature and Significance of Economic Science*, Londres, Macmillan, 1932, http://digamo.free.fr/robbins32.pdf.

QU'EST-CE QUE LE SURPLUS ?

Le point de départ est la notion de surplus : c'est ce qu'une société produit au-delà de sa simple reproduction. Il s'agit d'une notion très générale, tant il est difficile d'imaginer une société « sans surplus ». Il faudrait que tous ses membres consacrent l'intégralité de leur temps à se procurer de quoi subsister. Même dans les sociétés primitives, il existe une forme de surplus sous forme de temps libre affecté à des activités qui ne participent pas à la satisfaction des besoins élémentaires nécessaires à la survie.

La manière dont ce surplus est réparti et approprié peut évidemment différer du tout au tout. Prenons quelques cas stylisés. Dans une société essentiellement agricole, le surplus existe dès lors que la production est en excédent sur la consommation : il peut alors être consacré à l'entretien d'une couche sociale libérée des tâches de production (chefs, souverains, prêtres, artistes, etc.). Tout dépend de la manière dont la société s'organise : plutôt que d'entretenir des prêtres, elle pourrait par exemple choisir de ne produire que le strict nécessaire et consacrer le temps ainsi libéré à d'autres activités. Dans ce cas, on aurait une sorte de « communisme primitif ». La véracité historique précise de ces exemples est incertaine, mais ils suffisent à montrer que des arrangements sociaux différents sont *a priori* envisageables.

Il se trouve en tout cas que l'histoire de l'humanité a très tôt pris la forme de sociétés de classes, celles-ci se définissant par leur rapport à ce surplus, selon qu'elles contribuent à le produire ou qu'elles en bénéficient. La société féodale en donne un exemple transparent : les serfs étaient tenus de remettre au seigneur une certaine fraction de leur récolte ou de cultiver une fraction de ses terres. Cette règle d'arithmétique sociale exprimait le mode de partage du surplus produit par les paysans : une certaine proportion – ou un certain volume – revenait au seigneur, le reste étant conservé par eux. Si la surface des terres cultivées ou leur rendement n'avait pas suffi à dégager un surplus, cette structure de classes n'aurait jamais pu s'installer. Cet exemple, certes schématique, montre que l'organisation d'une société dépend, de manière inextricable, de son potentiel technologique et des rapports sociaux qui la constituent. Un certain développement de la productivité, l'existence d'un surplus, rend possible une division sociale, même si celle-ci n'est pas exclusivement déterminée par

ON DONNE LE SURPLUS AU CHIEN OU AU PRÊTRE?
BAH... LE CHIEN GARDE NOS MOUTONS, LE PRÊTRE SE TAPE NOS CHÈVRES...

le niveau technologique. Dans l'exemple féodal, le surplus est encore, pour l'essentiel, lié à l'activité agricole. C'est pourquoi les premiers théoriciens de l'économie considéraient la terre comme étant la seule source de richesse, et introduisaient en même temps une distinction entre activités productives (activités produisant du surplus) et non productives.

Faisons un petit bond en avant, pour passer du féodalisme au capitalisme. La transition d'un système à l'autre a donné lieu à d'importantes controverses historiques et elle a aussi coïncidé avec la naissance de l'économie politique. Cette discipline se fixait pour tâche d'expliquer le fonctionnement du capitalisme.

Les premiers grands économistes (Adam Smith ou David Ricardo) se posaient une sorte de question préalable, qui était celle de la valeur. Pourquoi tel bien a-t-il un prix plus élevé qu'un autre ? Comment la valeur créée se répartit-elle entre salariés (salaire), capitalistes (profit) et propriétaires fonciers (rente) ? Et, enfin, tout simplement : d'où vient le profit ?

Avec l'agriculture, la réponse était apparemment simple : le surplus est un don de la nature. Mais, dans le cas de l'industrie, il n'a plus rien de naturel. Or, si l'on veut comprendre le capitalisme – en faire la théorie –, il faut commencer par comprendre le profit. Mais cela se révèle beaucoup plus compliqué qu'il n'y paraît d'abord.

DES THÉORIES DU PROFIT

Définir le profit n'est pas compliqué : c'est la différence entre le prix d'un bien et son coût de production. Que fait un capitaliste ? Il achète des machines, des ordinateurs, des bureaux, des matières premières, de l'énergie, des biens intermédiaires (par exemple, des pneus pour l'industrie automobile), il embauche des salariés et les emploie à produire un nouveau bien. Et il le vend. Faisons les comptes : côté dépenses, on trouve le coût de production, c'est-à-dire l'ensemble des dépenses engagées pour produire ce bien ; côté recettes, il y a le prix de vente. Le profit est la différence entre le prix et le coût de production.

Tout cela relève du bon sens, mais où est la théorie ? Risquons une comparaison avec la chute des corps. Si je lâche un objet depuis mon balcon, il tombe. Mais pourquoi ? Si on me répond qu'il tombe parce qu'il arrive plus bas que son point de

départ, je serai assez moyennement avancé, et peu satisfait de la réponse. Or, dans le cas du profit, la première réponse est du même ordre : les capitalistes font du profit parce qu'ils vendent leurs marchandises plus cher qu'ils n'ont payé pour leur production. Ce rappel tautologique de la définition n'est pas une théorie du profit. Or, curieusement, la science économique dominante évite autant que faire se peut de se poser la question et, quand elle y consent, elle propose des réponses peu satisfaisantes.

Si on y réfléchit bien, la question est double. Il faut d'abord expliquer ce qui rend possible l'existence même du profit, mais il faut aussi savoir pourquoi il revient aux capitalistes.

L'existence même d'un profit n'est pas aussi évidente qu'il y paraît : en vendant son produit plus cher qu'il ne lui a coûté, le capitaliste n'est-il pas en train de gruger ses clients ? Un tel exploit serait évidemment impossible sur longue période et à grande échelle, il ne peut correspondre au fonctionnement normal du capitalisme. En moyenne, les biens doivent donc être vendus « à leur valeur ».

La clé se trouve dans la notion de surplus. Si le profit peut exister, c'est que la société industrielle dégage un surplus, qui n'a plus rien à voir avec la fécondité de mère nature. La difficulté avec le capitalisme, c'est que les choses sont obscurcies par le rapport salarial. Une comparaison entre le serf et le salarié permettra de mieux comprendre pourquoi. Quand le serf doit remettre, mettons, un tiers de sa récolte, le fait qu'il travaille un tiers de son temps pour le seigneur est visible à l'œil nu. Pour le salarié, les choses ne sont pas si claires : s'il est embauché pour une journée de travail de huit heures, il est payé pour huit heures et reçoit donc le juste prix de son travail. Encore une fois, d'où provient dans ce cas le surplus, donc le profit ?

Il faut prendre un peu de recul et raisonner sur l'économie dans son ensemble, et plus précisément sa valeur ajoutée globale, autrement dit le fameux PIB (produit intérieur brut). On l'obtient en additionnant tous les chiffres d'affaires des entreprises, puis en déduisant, pour éviter les doubles comptes, les consommations

intermédiaires (ce que les capitalistes s'achètent les uns aux autres). En simplifiant encore un peu, cette valeur ajoutée se répartit, du côté des revenus, entre profits et salaires. Mais elle correspond aussi, du côté de la production, à un amoncellement de marchandises (des biens et des services). On peut en faire deux tas, en mettant d'un côté les marchandises qui sont consommées par les salariés et, de l'autre, ce qui représente le surplus.

Si les salariés ne produisaient que les biens et services qu'ils consomment, il n'y aurait pas de surplus, et donc pas de profit. Le profit repose ainsi sur une productivité du travail suffisante pour que les salariés produisent pendant leur temps de travail plus qu'ils ne consommeront. Il y a donc un soubassement technique à l'existence du profit, ce qui est vrai aussi des formes antérieures de surplus. La particularité du profit, c'est qu'il revient aux capitalistes, c'est-à-dire aux propriétaires des moyens de production. Le profit réalisé en vendant des automobiles revient aux propriétaires de l'usine automobile.

Mais cette façon de répartir le profit est évidemment un arrangement très particulier, qui n'est pas le seul envisageable. On peut rêver un instant et imaginer par exemple que tous les profits soient versés dans un pot commun, dont l'usage serait déterminé par l'ensemble des citoyens. Cette vision, certes un peu utopique, permet de souligner, encore une fois, que le capitalisme repose non seulement sur des caractéristiques technico-économiques, mais aussi sur des rapports sociaux, et en premier lieu sur la propriété privée des moyens de production. Cette particularité a une conséquence importante : dans la mesure où le profit sert entre autres choses à investir, les choix d'investissement relèvent de décisions privées, le pouvoir de décider se fondant sur la propriété privée des moyens de production. Or ces choix vont déterminer la trajectoire du développement économique, selon qu'on « met le paquet » dans tel ou tel domaine. Par conséquent, dans le capitalisme, c'est une catégorie (plutôt étroite) de membres de la société qui va, de fait, décider de ses priorités. C'est un point absolument décisif quant aux rapports entre capitalisme et démocratie.

Les premiers grands économistes, Smith et Ricardo, étaient d'accord sur une chose : c'est le travail qui est à l'origine de la valeur créée. Mais cette théorie de la valeur-travail avait deux points faibles. Le premier problème venait du fait que la somme d'argent qui sert au capitaliste à payer les salaires grossit, au moment de la vente, par l'adjonction d'un profit. Autrement dit, l'argent reçu par le capitaliste au moment de la vente de ses marchandises lui permet d'acheter (de « commander ») plus de travail que celui qu'il n'en a employé. Cette difficulté présente chez Adam Smith est résolue par David Ricardo qui admet à demi-mot que le travail dépensé n'est pas intégralement payé, bref que le profit est en fin de compte du profit non payé.

Restait cependant un second problème. Tous les économistes de l'époque s'accordaient pour dire que le capitalisme conduisait à la formation d'un « taux général de profit », c'est-à-dire que les taux de profit rapportés par chaque capital individuel tendaient à s'égaliser. Il est en effet difficile d'imaginer un capitalisme dans lequel les taux de profit seraient durablement différents : les secteurs peu rentables tendent à être progressivement abandonnés, et c'est la concurrence entre capitaux privés qui pousse à cette égalisation. Mais on tombe alors sur une autre contradiction. Il y a deux règles qui jouent l'une contre l'autre. Règle numéro 1 : le prix d'une marchandise est proportionnel à la quantité de travail dépensée dans sa production. Règle numéro 2 : chaque capitaliste reçoit le même taux de profit. Ces deux règles sont manifestement incompatibles. Si la première règle s'appliquait directement, les secteurs qui emploient beaucoup de main-d'œuvre auraient des taux de profit très élevés. Ceux qui, au contraire, utilisent beaucoup de machines et peu de main-d'œuvre auraient une rentabilité bien inférieure, de telle sorte que la seconde règle ne serait pas respectée. L'économie politique classique est venue buter sur ces deux obstacles, à vrai dire difficiles à résoudre dans leur cadre de pensée.

Cet obstacle théorique a conduit à une grande bifurcation dans la seconde moitié du XIXe siècle. D'un côté, Marx ; de l'autre, les « marginalistes » ou « néoclassiques ». La théorie du profit de Marx est, d'une certaine manière, relativement simple. Elle consiste à dire que c'est le travail qui crée la valeur. Une partie de ce travail est payée sous forme de travail et l'autre partie constitue un « surtravail », autrement dit un travail prolongé au-delà du temps de travail nécessaire à produire la consommation des salariés. Il est évident que les ouvriers qui produisent de l'acier n'en consomment pas directement, et c'est pourquoi il faut raisonner

au niveau de la société dans son ensemble[1]. C'est une abstraction et c'est le capitalisme qui réalise cette abstraction, en transformant les travaux concrets de chaque salarié en travail abstrait commensurable. Les rapports sociaux sont ainsi dissimulés derrière ce que Marx appelle la forme valeur.

Dit autrement, les capitalistes n'achètent pas le travail de leurs salariés, ils achètent leur disponibilité, d'où la distinction introduite par Marx entre travail et force de travail : le salaire est le prix de la force de travail, pas celui du travail. Ce que les capitalistes achètent finalement, c'est le temps des salariés. Tout contrat

1. Dans le champ du marxisme, cette incompatibilité *a priori* entre les deux règles ci-dessus a ouvert le débat dit de la transformation des valeurs (proportionnelles au travail dépensé) en prix de production (proportionnels au capital engagé). C'est l'argument principal employé pour réfuter la théorie marxiste de la valeur qui serait contradictoire ou métaphysique. On peut cependant en restituer la cohérence en raisonnant dans un cadre temporel : le surplus global est le produit du surtravail global mais, en tant que profit, il se répartit au prorata de la mise de chaque capitaliste individuel. Voir une contribution déjà ancienne à cette lecture « temporaliste » : Manuel Pérez, « Valeur et prix : un essai de critique des propositions néoricardiennes », *Critiques de l'économie politique*, n° 10, 1980, http://hussonet.free.fr/perez.pdf.

de travail stipule (au moins en principe) sa durée et, d'ailleurs, les premières luttes ouvrières ont porté sur la durée de la journée de travail, au moins autant, sinon plus, que sur le salaire. Une fois le salarié présent sur le lieu de travail, il est en situation de subordination (c'est le terme juridique précis) et l'employeur va s'efforcer d'obtenir de lui le rendement maximum.

La force de travail est donc une marchandise très particulière qui dispose de cette propriété remarquable : le salarié produit plus de valeur qu'il n'en a besoin pour être lui-même « produit » (c'est-à-dire logé, nourri, blanchi, etc.) et la différence revient au capitaliste. Tel est au fond le secret du profit et la base du capitalisme comme mode d'organisation sociale. Cette théorie tranche par sa clarté avec le caractère impressionniste des théories dominantes du profit où ce dernier, selon les versions, rémunère le capital, l'épargne, l'esprit d'entreprise, etc. On verra qu'elle constitue un outil utile pour comprendre la crise financière qui repose au fond sur l'illusion que l'on peut s'enrichir en dormant.

MISÈRE DE LA « SCIENCE » ÉCONOMIQUE DOMINANTE

La théorie aujourd'hui dominante est l'héritière directe du courant marginaliste ou néoclassique. Pour traiter de la question du profit, elle fait un détour par la question de l'équilibre, ce qui lui permet de démontrer en passant que le capitalisme concurrentiel conduit à l'optimum social. Cette prétention doit évidemment être discutée, mais commençons par en dresser un tableau synthétique.

Un avertissement préalable : en dépit du caractère passablement ésotérique de ce qui suit, on ne fait là en quelque sorte que « traiter le programme » – puisque tel était le contenu du projet de programme d'initiation à l'économie pour les classes de sciences économiques et sociales au lycée, fort heureusement retoqué grâce à un mouvement de protestation des enseignants.

La construction d'ensemble de cette théorie dominante repose sur trois principes : l'individualisme, la symétrie et l'équilibre. La société, ou plutôt l'économie, est composée d'une myriade d'atomes, ou plutôt d'agents ou encore d'individus, dont aucun n'atteint une taille suffisante pour peser – à son avantage – sur les mécanismes économiques. Il y a deux sortes d'agents :

d'un côté, les producteurs qui maximisent leur profit et, de l'autre, les consommateurs qui maximisent leur utilité. Ces comportements sont symétriques dans la mesure où ils contribuent à déterminer conjointement la réalisation de l'équilibre. Cet équilibre est atteint lorsque les quantités produites et consommées sont égalisées une bonne fois pour toutes. À noter qu'il s'agit d'une vision statique, puisque l'on ne sait rien de ce qui se passait avant l'équilibre et rien non plus de ce qui se passera ensuite. On est donc en présence d'une temporalité bizarre : l'équilibre est réalisé selon un processus de tâtonnement et cela prend donc un certain temps, mais, une fois cet équilibre réalisé, l'histoire s'arrête et la théorie est bouclée.

La réalisation de l'équilibre est guidée par les prix, qui envoient des « signaux » et permettent ainsi de rendre compatibles les objectifs des consommateurs et des producteurs. Les uns et les autres sont en effet soumis à une contrainte qui est mesurée par les prix. Pour les producteurs, le profit qu'il s'agit de maximiser est la différence entre le prix de vente et le prix des « facteurs de production » nécessaires à cette production. Du côté des consommateurs, la contrainte passe par le revenu : le prix total des biens consommés par un consommateur ne peut excéder son revenu et, dans la mesure où il n'y a pas d'épargne, cette contrainte doit être « saturée » et le revenu intégralement consommé.

C'est alors que se produit le miracle de l'harmonie capitaliste. Chaque producteur maximise son profit, chaque consommateur maximise son utilité et ces comportements individuels et « égoïstes » conduisent mathématiquement à l'optimum, autrement dit au meilleur des mondes. Il ne s'agit pas d'exagération. Le « prix Nobel d'économie », ou ce qui en tient lieu [1], a été attribué en 1983 à un Français (expatrié aux États-Unis), Gérard Debreu [2], qui s'est immédiatement vanté en déclarant : « La supériorité du libéralisme est mathématiquement démontrée [3]. »

Devant cet exposé de la théorie microéconomique de base qui fait aujourd'hui office de science, on a la vague impression que ce schéma n'entretient que des rapports assez lointains avec le capitalisme réellement existant. Toute théorie suppose évidemment un certain degré de schématisation, mais le modèle de la microéconomie demeure irréductiblement distant de son objet d'étude.

La thèse selon laquelle l'équilibre est un optimum est en soi d'une faiblesse insigne. Elle repose sur ces deux propositions : entre deux techniques de production, le producteur choisit celle qui est la moins coûteuse ; entre deux paniers de biens qu'il peut acheter compte tenu de son revenu, le consommateur choisit

1. Depuis 1968, la Banque de Suède décerne chaque année son « prix de la Banque de Suède en sciences économiques » abusivement dénommé « prix Nobel d'économie ».

2. Gérard Debreu, *Théorie de la valeur. Une analyse axiomatique de l'équilibre économique*, Paris, Dunod, 1965.

3. Gérard Debreu, entretien avec Guy Sorman, *Le Figaro Magazine*, 10 mars 1984.

celui qui lui procure la plus grande satisfaction. Pour ne pas se trouver dans le meilleur des mondes, il faudrait donc que les producteurs s'acharnent à produire trop cher ou que les consommateurs achètent par pure perversité des biens qui leur plaisent moins que d'autres ! On pourrait paraphraser Binet, l'inventeur de la notion de Q.I. (« L'intelligence, c'est ce que mesure mon test »), en énonçant que l'utilité, c'est ce que maximise le consommateur.

Cette théorie conduit à un critère très contraignant, dit de l'optimum de Pareto : le maximum de bien-être social est atteint quand on ne peut plus améliorer la situation d'un individu sans dégrader la situation d'un autre. Cette règle aurait un sens (à vrai dire restreint) si tous les individus étaient égaux et interchangeables : il n'y aurait en effet aucune raison de privilégier l'un d'entre eux au détriment des autres. Mais, comme il est difficile d'imaginer un capitalisme où tous les « consommateurs » reçoivent un même revenu, cette règle est profondément conservatrice. Elle revient à dire qu'une situation permettant d'améliorer la situation de 99 % des individus en dégradant même modestement le bien-être du 1 % le plus favorisé ne serait pas souhaitable parce qu'elle éloignerait de l'optimum social. La répartition des revenus est donc à peu près intangible. Mais qu'est-ce qui la détermine et, plus généralement, qu'est-ce qui fait que l'on est consommateur-salarié ou producteur-capitaliste ?

Comme il est difficile d'apporter des réponses satisfaisantes à ces redoutables questions, elles seront en général soigneusement évitées par la théorie économique dominante. Walras, l'un des inventeurs de la théorie de l'équilibre, a cherché à traiter cette question et a introduit la notion de « dotations initiales de facteurs ». Autrement dit, il y a des individus qui naissent avec une dotation en capital ou en terre, tandis que la majorité ne dispose que d'une « dotation » en travail. Il existe donc des classes sociales, ce qui était d'ailleurs le point de départ des classiques, et la représentation de la société comme un ensemble d'individus indistincts ne peut plus fonctionner.

La symétrie entre producteurs et consommateurs disparaît, puisque le revenu de la majorité des consommateurs provient de leur travail, qui fait en même temps partie des coûts de production des producteurs. Si l'on en tient compte, on se rapproche d'une représentation plus réaliste du capitalisme, mais la belle harmonie est déséquilibrée et une nouvelle question se pose, celle de savoir comment va se déterminer le salaire, et donc en fin de compte la répartition entre salaires et profits. Pour résoudre cette difficulté, il faut franchir un pas supplémentaire dans l'irréalisme et introduire le loisir dans le libre choix des consommateurs. Leur fonction d'utilité va dépendre des quantités consommées de chaque bien, mais aussi de leur temps libre. C'est donc l'arbitrage que font les consommateurs entre consommation et temps libre qui va déterminer leur offre de travail, et la théorie parle à cette occasion de « désutilité » du travail. Autrement dit, les consommateurs contribuent à fixer eux-mêmes leur propre revenu en choisissant de travailler plus ou moins longtemps.

À chaque étape de ce décryptage, on pourrait montrer à quel point cette représentation fantasmagorique du capitalisme imprègne un certain nombre de discours. Quand on nous explique qu'il faut permettre à ceux qui le souhaitent de « travailler plus pour gagner plus », on retrouve exactement cette idée selon laquelle les salariés devraient pouvoir choisir eux-mêmes leur durée de travail et que les en empêcher éloigne de l'optimum social.

Du côté des producteurs, les choses paraissent *a priori* plus simples : les capitalistes maximisent leur profit ou, ce qui revient au même, minimisent leurs coûts et organisent donc la production de la manière la plus efficace possible. C'est la moindre des choses. Mais en quoi cela leur donne-t-il le droit de s'approprier une partie de la production sous forme de profit ? Une première réponse possible consiste à dire que les producteurs empruntent pour acheter leur capital et versent donc un intérêt à ceux qui leur prêtent, grâce probablement à leurs « dotations initiales » en capitaux. Le mystère ne fait que s'épaissir avec l'apparition d'une nouvelle classe (les détenteurs de capitaux) et on bute encore une fois sur le carcan de l'équilibre puisqu'on ne sait ni d'où viennent ces capitaux ni où ils iront une fois l'équilibre atteint. Et une nouvelle difficulté apparaît : dans ce schéma, le profit (si on laisse de côté les rémunérations des dirigeants) n'est constitué que de l'intérêt. Or le capitalisme réellement existant, sur ce point aussi, conduit à un constat différent : l'intérêt n'est qu'une fraction du profit.

Qu'à cela ne tienne ! Les économistes néoclassiques ont plus d'un tour dans leur sac et ont décidé de passer à autre chose en introduisant une théorie de la production qui ne fait intervenir qu'un nombre réduit de « facteurs de production », à savoir le capital et le travail. Le capital est en l'occurrence une chose, c'est-à-dire un paquet de biens nécessaire à la production. Une fois qu'on l'a baptisé K, on est tranquille, comme l'expliquait Joan Robinson : « On apprend à l'étudiant en économie à écrire Y = f (K, L) où L est une quantité de travail, K une quantité de capital et Y la production [...], puis on passe très vite au point suivant, dans l'espoir qu'il oubliera de demander en quelle unité K est mesuré. Avant même qu'il ne pense à poser la question, il est devenu professeur, et c'est ainsi que des formes de pensée peu rigoureuses se transmettent d'une génération à l'autre [1]. » Pour obtenir un certain niveau de production, il faut donc combiner du capital K et du travail L, car ces deux facteurs sont substituables : on peut produire avec beaucoup de capital et peu de travail, ou l'inverse – tous les choix sont possibles. La bonne combinaison, c'est celle qui minimise les coûts, compte tenu du coût relatif du capital et du travail.

Cette théorie abstraite n'est pas sans rapport avec certains débats contemporains d'économie politique. Elle sous-tend par exemple le discours sur la nécessité de baisser le coût du travail (modération salariale ou exonération de « charges » sociales ou fiscales) pour créer des emplois : si le coût du travail baisse par rapport à celui du capital, les entreprises emploieront plus de travail (moins cher) et moins de capital. Telle est la voie royale des créations d'emplois.

Mais revenons à la théorie qui coince à nouveau. L'entreprise met en œuvre un programme de maximisation du profit. Si on le transpose en termes mathématiques, on trouve que le profit est maximum quand la productivité marginale de chaque facteur est égale à son coût. La productivité marginale en question est, d'un point de vue mathématique, la dérivée de la fonction de production, autrement dit le supplément de production qu'on obtient pour une petite augmentation de capital ou de travail. Ce détour par les mathématiques n'est pas anodin. Il représente une tendance très profonde de l'économie dominante qui a l'avantage de

1. Joan Robinson, « The production function and the theory of capital », *The Review of Economic Studies*, vol. 21, n° 2, 1953, http://gesd.free.fr/jrob1953.pdf.

lui conférer le statut de science. Mais ce n'est pas le seul : une telle présentation a le mérite d'objectiver (rien n'est plus objectif et incontestable qu'une dérivée !) l'harmonie et, au fond, la justice de la répartition des revenus dans une économie capitaliste.

On a donc du capital et du travail qui contribuent à la production, et chacun de ces facteurs est « rémunéré » en fonction de sa contribution propre mesurée par sa productivité marginale. Merveille des merveilles, l'« identité d'Euler » (on est toujours dans les maths) permet de vérifier que la valeur du produit se répartit effectivement entre salaires et profits. Autrement dit, il y a bien égalité entre la valeur de ce qui est produit et la rémunération totale des facteurs qui contribuent à cette production. Malheureusement, les choses se compliquent un peu car cette propriété n'est vérifiée que si la fonction de production est différentiable en tout point et homogène de degré 1. En termes économiques, cela veut dire que les facteurs de production sont substituables et que les rendements sont constants : si on double les quantités utilisées de capital et de travail, la production double.

L'hypothèse de substituabilité est déjà à elle seule contestable, puisqu'elle revient à dire que l'on peut remplacer comme on veut du travail par du capital et *vice versa*. Mais admettons qu'elle soit recevable sur une plage étroite. D'un point de vue théorique, c'est l'autre hypothèse, celle des rendements constants, qui pose le plus problème car le profit, une fois maximisé, est nul. Il y a là un résultat troublant sur lequel il faut revenir avec un peu de formalisation.

Le profit à maximiser s'écrit comme la différence entre la valeur du produit et les coûts de production : Q-rK-wL. Q est le produit dont on suppose le prix égal à 1, K est le capital et L le travail. r et w représentent la rémunération de chacun de ces deux facteurs : w est le salaire (*wage*) et r le coût du capital. Avec des rendements constants, le profit maximisé est nul et on a une répartition des revenus correcte puisque Q est bien égal à rK + wL. La question, alors, se déplace : qu'est-ce que c'est que ce coût du capital r, étant donné que c'est autre chose que le profit que le producteur s'évertue à maximiser ? Bonne question qui nous ramène, en fin de compte, au taux d'intérêt, éventuellement modulé par la fiscalité.

La théorie peut-elle s'en tirer en postulant des rendements croissants ? Dans ce cas, le profit que l'on maximise n'est pas nul, et le revenu se répartit entre salaires, coût du capital (donc *grosso modo* l'intérêt) et « vrai » profit. Mais on se heurte à une nouvelle difficulté : le profit tend vers l'infini puisqu'il augmente à mesure que croît l'échelle de la production, et toute la logique de l'équilibre explose, puisqu'il n'existe plus de niveau optimal de production.

Ces critiques assez destructrices portent sur la cohérence interne de la théorie [1]. Mais on peut les compléter par une critique plus terre à terre. Admettons en effet que le profit corresponde à la productivité marginale du capital et qu'il représente donc sa juste rémunération, de la même manière que le salaire rétribue le travail. Le problème, c'est que les capitalistes achètent et rétribuent le travail. Ils achètent aussi les machines mais, même si l'argument peut paraître trivial, on n'a jamais vu un capitaliste

1. Pour de plus amples développements, voir les travaux de Bernard GUERRIEN, notamment son *Dictionnaire d'analyse économique*, Paris, La Découverte, « Grands Repères/Dictionnaires », 2000.

rémunérer son haut-fourneau ! Très bêtement, il conserve le profit pour lui. Bref, le profit ne rémunère pas le capital conçu comme un ensemble de biens de production, et la fausse symétrie entre le capital et le travail disparaît, dès lors qu'on y réfléchit cinq minutes. La grande prouesse de l'économie dominante, c'est d'entretenir une confusion permanente entre le capital comme ensemble de moyens de production et le capital comme rapport social. Que des machines soient utilisées dans le processus de production, cela relève de la technologie. Mais cela n'implique en rien que leur propriétaire s'attribue une partie du surplus.

L'un des traits essentiels de la théorie néoclassique est ainsi de rompre avec l'approche classique où la répartition est conçue comme un rapport entre classes sociales. Smith ou Ricardo, avant Marx, partageaient cette approche. Le projet néoclassique vise au contraire à objectiver la répartition des revenus en l'expliquant par les propriétés quasi physiques des « facteurs de production ». En remplaçant l'un par l'autre en fonction de leurs prix relatifs – leur substitution –, on arrive à une situation où chacun de ces facteurs est rémunéré à sa productivité marginale. Le salaire s'égalise à la productivité marginale du travail et le profit à la productivité marginale du capital. En outre, le capital et le travail sont pleinement utilisés, ce qui implique en passant que le chômage n'existe pas, ou plutôt qu'il est « volontaire » parce qu'il résulte d'un arbitrage entre revenu et « loisir ».

Cette description du « meilleur des mondes » présente bien des avantages. La question sociale disparaît, puisque la répartition des revenus est déterminée par des lois économiques objectives. Toute tentative d'intervention visant à les modifier ne peut avoir que des effets pervers, en éloignant de l'optimum que représente la situation d'équilibre. On retrouve ici une argumentation néolibérale très contemporaine.

La révolution néoclassique marque donc un tournant fondamental dans l'histoire de la théorie économique et introduit une rupture, non seulement avec Marx, mais avec ses prédécesseurs de l'école classique. Il ne s'agit pas pour autant, au départ, d'une entreprise idéologique. Par exemple, Walras se situe plutôt à gauche et l'on pourrait en dire autant d'économistes contemporains qui se pensent de gauche mais expliquent par exemple qu'une augmentation du salaire minimum va créer du chômage. La raison

COMPRENEZ ! MOINS JE VOUS PAIE CHER, PLUS JE PEUX EMBAUCHER DE MONDE !
MAIS ALORS... SI TOUT LE MONDE ACCEPTAIT DE TRAVAILLER POUR RIEN...
...IL N'Y AURAIT PLUS UN SEUL CHÔMEUR !
VOUS AVEZ COMPRIS LE PROGRAMME ÉCONOMIQUE DU MONDE LIBRE !

de ce paradoxe apparent se trouve dans le scientisme qui se trouve au fondement de l'école néoclassique. Il n'est d'ailleurs pas indifférent que l'économie politique des classiques ait été rebaptisée « science économique ».

À la base, on trouve un postulat d'identité entre l'épistémologie de l'économie et celle de la physique. Dans le champ de l'économie comme dans celui de la physique, il existe des relations cachées, des lois, qu'il s'agit de mettre en lumière. La formulation la plus claire de ce principe se trouve dans la conférence donnée par Maurice Allais lors de la remise de son « prix Nobel » : « Le prérequis de toute science est l'existence de régularités qui peuvent être l'objet d'analyses et de prévisions. C'est le cas par exemple de la mécanique céleste. Mais c'est vrai également pour de nombreux phénomènes économiques. Leur analyse approfondie révèle en effet l'existence de régularités tout aussi frappantes que celles que l'on trouve dans les sciences physiques. Voilà pourquoi l'Économie est une science et voilà pourquoi cette science repose sur les mêmes principes généraux et sur les mêmes méthodes que les sciences physiques [...]. Il me semble que, dans une très large mesure, les sciences sociales doivent, comme les sciences physiques, être fondées sur la recherche de rapports et de quantités invariants dans le temps et dans l'espace [1]. »

Cette proposition de méthode initiale conduit ensuite à une inversion de la démarche scientifique. Elle consiste à chercher les schémas théoriques qui maximisent les possibilités de formalisation et ce que l'on pourrait appeler la productivité du modèle. Et tout cela passe évidemment par un recours intensif aux mathématiques. La question qui se pose alors est de savoir pourquoi les modèles les plus mathématisés conduisent, spontanément pourrait-on dire, à légitimer les visions les plus conservatrices de l'économie. Il faut ici se garder des explications simplistes. La première serait de dénoncer l'usage des mathématiques en tant que tel : la formalisation serait en quelque sorte intrinsèquement réactionnaire. À vrai dire, une telle position, absurde et obscurantiste, n'est soutenue à peu près par personne, mais c'est celle que

1. Maurice Allais, « An outline of my main contributions to economic science », Conférence Nobel, 1988, http://gesd.free.fr/allais88.pdf. La critique de cette transposition indue des paradigmes de la physique dans la « science économique » en gestation au XIXe siècle est l'objet du livre remarquable de Philip Mirowski, *Plus de chaleur que de lumière*, Paris, Economica, 2002.

l'on prête aux critiques pour mieux les déconsidérer. Cet artifice rhétorique conduit au moins à préciser le rôle que joue effectivement la mathématisation et à la distinguer soigneusement de l'axiomatisation.

Une autre explication à courte vue consisterait à soutenir que les économistes sont les « valets du capital » et qu'ils s'évertueraient délibérément à produire des instruments tout entiers destinés à l'apologie du système. Certes, le désir de reconnaissance sociale et la volonté de faire carrière ne sont pas absents des stratégies de recherche et des positionnements individuels. Mais la force de l'économie dominante réside dans l'affirmation selon laquelle elle ne fait que construire une vision scientifique du monde, *a priori* indépendante de préférences idéologiques. Que ses travaux renforcent l'ordre social existant est indéniable, mais ce résultat apparaît – et c'est sa force – comme relativement indépendant des choix individuels des humbles servants de la science économique. On peut même repérer dans le discours sous-jacent de certains économistes le sentiment d'une mission sociale qui serait la leur et qui consisterait en somme à porter la mauvaise nouvelle selon laquelle les lois de l'économie sont intangibles et que toute politique visant à les contourner ne saurait être qu'une politique de gribouille. La réalité est dure, cruelle, mais incontournable. Du coup, l'objectivisme souvent revendiqué de la démarche scientifique en économie n'est pas un symptôme de cynisme, mais une posture parfaitement assumée, consistant à dire le vrai, même si la pilule est amère. Pour une bonne proportion des économistes, la loi qui veut que les créations d'emplois passent par une baisse du coût du travail est une loi aussi forte que celle qui me prévient que je vais tomber si je saute par-dessus le balcon.

La formalisation renforce de fait l'idéologie, et *vice versa*. Cela résulte de l'homologie structurelle qui existe entre les fondements microéconomiques de l'idéologie et les éléments nécessaires à une transposition de la méthodologie importée des sciences physiques. Dans un cas comme dans l'autre, le rendement maximal est obtenu à partir du postulat selon lequel la société est composée d'individus, et surtout d'individus rationnels. C'est la mise en œuvre de ce postulat qui permet de maximiser le rendement idéologique d'un côté et le rendement scientifique de l'autre. La convergence vers le corpus de l'économie dominante permet une validation endogène de ce paradigme commun [1].

Ces considérations ne dispensent évidemment pas d'une appréciation critique de la théorie dominante. Au fond, cette théorie n'est pas adaptée à son objet qui devrait évidemment être le capitalisme. Or qui dit capitalisme dit capital, et qui dit capital dit temps. Les biens de capital (les « machines ») ont en effet la caractéristique de ne pas être immédiatement consommés dans le processus de production : c'est du capital fixe. L'acier, le caoutchouc, le ciment, l'énergie, etc. qui disparaissent au fur et à mesure dans la marchandise produite constituent un capital circulant. Et c'est vrai aussi du salaire, payé à intervalles rapprochés. Sans capital fixe, on pourrait considérer que le cycle de production et de consommation est suffisamment court pour être instantané, et donc raisonner en termes d'équilibre. Mais

1. Michel Husson, « L'économétrie, ou l'idéologie en équations ? », *Actuel Marx*, n° 34, 2003, http://hussonet.free.fr/ideologi.pdf.

l'existence d'un capital fixe interdit un tel artifice, parce qu'il a une durée de vie qui couvre plusieurs cycles de production.

Or la théorie de l'équilibre ne peut intégrer le temps (donc le capital fixe) parce que l'accumulation du capital est un processus continu qui détermine les conditions de production des périodes ultérieures [1]. De plus, les gains de productivité modifient la structure des prix, rendant impossible la mesure du capital comme une grandeur physique, indépendamment des prix des biens concrets qui le composent. Dans la version fondatrice de la théorie, Walras faisait appel à un « commissaire-priseur » virtuel, une sorte de *deus ex machina* chargé d'annoncer les prix de manière à assurer la convergence du processus de « tâtonnement » vers l'équilibre.

1. Pour sortir de l'impasse, on peut s'en tirer par une pirouette et imaginer une succession d'équilibres que l'on baptisera « équilibre intertemporel ». Cela revient en effet à compresser le temps, puisque la réalisation de l'équilibre initial détermine la suite des équilibres ultérieurs. Dans ce cadre d'analyse, l'économie progresse par sauts de puce d'un équilibre à l'autre sans que l'on comprenne ce qui les relie l'un à l'autre. Cela ne résout pas la question de l'accumulation du capital et de sa reproduction.

Mais si ce personnage hautement hypothétique disparaît, alors rien n'interdit de s'éloigner de l'optimum qui devient une cible mouvante. Au fond, dans cette théorie, le temps n'existe pas. Cela va plus loin qu'une optique de court terme : il faut faire tendre ce court terme vers zéro, autrement dit postuler une instantanéité qui ne peut exister. Dans cette curieuse théorie du capitalisme, il n'y a donc pas de temps long, pas d'accumulation et donc pas de capitalisme.

Bibliographie choisie

BIHR Alain, *La Novlangue néolibérale. La rhétorique du fétichisme capitaliste*, Lausanne, Page Deux, 2007.

MARX Karl, *Qu'est-ce que le capitalisme ?* vol. 1, *Les Mystères de la plus-value*, Paris, Demopolis, 2010.

PASSET René, *Les Grandes Représentations du monde et de l'économie à travers l'histoire. De l'univers magique au tourbillon créateur*, Paris, Les Liens qui libèrent, 2010.

QUIGGIN John, *Zombie Economics. How Dead Ideas Still Walk Among Us*, Princeton, Princeton University Press, 2010.

3. POURQUOI LES RICHES SONT-ILS PLUS RICHES ?

> « À long terme, le salaire réel tend à évoluer en phase avec la productivité, et c'est ce que nous avons pu observer durant des générations, mais ce n'est plus le cas aujourd'hui. Le salaire réel s'est mis à diverger, pour des raisons qui ne sont pas claires à mes yeux. »
>
> Alan GREENSPAN,
> *Financial Times*, 16 septembre 2007.

Faisons-nous l'avocat du diable : le capitalisme a engendré une spectaculaire progression de la productivité, autrement dit de la capacité d'une société à produire des biens et des services. On peut mesurer cette puissance productive avec le PIB par tête. Certes, le PIB ne mesure pas le bonheur, il ne tient compte ni de l'utilité intrinsèque de la production, ni de sa répartition, ni de ses effets néfastes sur l'environnement, mais, en cela, c'est un instrument parfaitement adéquat à la nature du capitalisme.

UNE IMMENSE ACCUMULATION DE RICHESSE

Grâce aux travaux historiques d'Angus Maddison, on dispose de séries historiques sur très longue période, puisque certaines d'entre elles remontent jusqu'à l'an 1 ! On pourrait bien sûr remettre en cause cet exercice qui consiste à comparer des époques qui diffèrent totalement du point de vue du contenu de la production. Cependant, les ordres de grandeur permettent de dégager les tendances séculaires qui nous intéressent ici.

En 1500, le PIB par tête moyen en Europe équivalait à 800 dollars de 1990. En 2000, il est de 20 000. Le niveau de vie moyen a donc été multiplié par 25 au cours des cinq derniers siècles. Cela ne correspond d'ailleurs qu'à un taux de croissance moyen de 0,65 % par an. Cette progression n'est pas régulière : jusqu'en 1820, la croissance annuelle est très faible (0,14 % par an) et, à cette date, le PIB par tête n'a augmenté que d'un peu plus de la moitié par rapport à 1500. Après cette longue période de quasi-stagnation, le décollage commence autour de 1820, avec une croissance du PIB par tête qui atteint puis dépasse 1 % par an.

Le tableau 1 illustre à grands traits les étapes de cette croissance. Le résultat essentiel est que la seconde moitié du XXe siècle correspond à une nouvelle phase d'accélération qui conduit à une multiplication par 4 du PIB par tête. La première moitié du XXe siècle a souffert des guerres et des crises et a conduit à une progression de 1 % du PIB par tête, un peu inférieure au demi-siècle précédent.

Tableau 1. Évolution du PIB par tête en Europe

Période	*Croissance moyenne par an*	*Le PIB par tête est multiplié par :*	*À ce rythme, le PIB par tête double en :*
1800-1850	0,65 %	1,4	108 ans
1850-1900	1,25 %	1,9	56 ans
1900-1950	0,98 %	1,6	71 ans
1950-2000	2,80 %	4,0	25 ans

Source : Angus Maddison, *Statistics on World Population, GDP and Per Capita GDP*, 2008, http://gesd.free.fr/amaddi.xls.

L'une des propriétés essentielles du capitalisme réside dans cette augmentation (sans précédent historique) de la productivité du travail, mesurée par le volume de biens et services produit en une heure de travail. Autrement dit, une augmentation de la productivité du travail signifie qu'avec la même dépense de travail une société produit plus de richesse – de richesse marchande pour être précis. C'est une variable clé parce qu'elle permet potentiellement d'augmenter le niveau de vie moyen tout en garantissant un taux de profit élevé et d'assurer une progression dynamique du système.

La croissance de la productivité du travail est le ressort essentiel du dynamisme du capitalisme. C'est l'expression de sa nature profonde, celle d'un système fondé sur la concurrence et l'accumulation. La concurrence pousse chaque capitaliste à améliorer ses propres conditions de production et l'accumulation est, pour reprendre la formule de Marx, « la loi et les prophètes ». Un capitaliste qui n'accumule pas est tout simplement condamné à disparaître. « La bourgeoisie ne peut exister sans révolutionner constamment les instruments de production », écrivaient Marx et Engels dans le *Manifeste du parti communiste*. Il y a donc un lien réciproque entre capitalisme et productivité : cette dernière est à la fois la condition et la conséquence de la dynamique capitaliste.

La productivité du travail équivaut à une augmentation du surplus disponible. Supposons une répartition stable des revenus : dans ce cas, le profit et les salaires progressent à la même vitesse. Si le salaire réel augmente en phase avec la productivité du travail, alors la part des salaires dans le revenu reste constante et, par conséquent, celle du profit aussi. Dans ce cas, le capitalisme

redistribue équitablement les gains de la productivité. Il y a là, avec ce scénario d'enchaînement vertueux, un élément essentiel d'une possible légitimation du système : certes, les salariés sont exploités, mais leur pouvoir d'achat progresse harmonieusement ; certes, les capitalistes s'approprient une part du surplus mais, en réinvestissant ce profit, ils créent les conditions de nouveaux gains de productivité, et ainsi de suite.

Ces assertions ne peuvent être balayées d'un revers de main. Après tout, l'histoire du capitalisme, par exemple en Angleterre, peut être lue comme un système d'exploitation féroce et à la limite de la barbarie qui débouche sur une démocratie moderne, où, toujours sur le long terme, la population a vu son niveau de vie augmenter. Le bond en avant des pays émergents reproduit en quelque sorte cette trajectoire, avec des millions de personnes expulsées de la terre et des conditions de travail à la limite, elles aussi, de la barbarie. La croissance économique est terriblement mal répartie, mais elle finira par « ruisseler » – pour traduire le *trickle down* anglais – vers les pauvres d'aujourd'hui.

CREUSEMENT DES INÉGALITÉS

Le capitalisme tend-il à creuser les inégalités ? Ses meilleurs avocats ne récusent pas forcément cette affirmation. Leur réponse tient en deux propositions que l'on peut résumer simplement. La première est que l'inégalité est une condition de l'efficacité : si les entrepreneurs n'ont pas la perspective de gagner de l'argent, ils n'auront plus aucune incitation à innover ; et si les salariés ne sont pas soumis au risque, ils deviendront moins productifs. Le

second argument consiste à dire que, au bout d'un certain temps, les plus défavorisés finiront par profiter des bienfaits de l'expansion. Les inégalités seraient donc un mal nécessaire, une contrepartie provisoire.

Mais ce discours s'épuise. La réalité contemporaine, dans les pays développés, c'est la captation par une couche sociale étroite des « fruits de la croissance ». On peut s'appuyer pour le montrer sur les travaux de trois économistes qui se sont fixé pour tâche de mesurer les inégalités sur longue période, en étendant cette investigation au plus grand nombre possible de pays [1]. Ils utilisent notamment un indicateur simple (qui évolue en phase avec d'autres mesures des inégalités) : la part du 1 % les plus riches dans l'ensemble des revenus.

L'évolution de cet indicateur fait apparaître deux phénomènes majeurs [2]. Le premier est que les inégalités ont eu tendance à se réduire sur longue période. Au début du XXe siècle, la part des plus riches se situait à un niveau élevé, de l'ordre de 18 % du revenu national. Le mouvement de réduction des inégalités s'enclenche après la Première Guerre mondiale et s'accélère à l'issue de la Seconde Guerre mondiale. Au début des années 1950, la part des plus riches se situe en moyenne à 10 %, puis elle continue à baisser assez régulièrement, mais à un rythme moins prononcé.

Mais – et c'est le second phénomène à souligner – la courbe s'inverse avec le tournant libéral du début des années 1980 et une nouvelle tendance au creusement des inégalités s'instaure. L'inflexion est très nette aux États-Unis et au Royaume-Uni, mais la tendance est universelle et se retrouve aussi dans des pays émergents, comme la Chine ou l'Inde (tableau 2). Il est fort vraisemblable que la crise contribuera à l'accentuer encore.

Le tournant néolibéral vers la montée des inégalités marque donc une rupture, non seulement avec le capitalisme des trente glorieuses, mais aussi avec l'évolution constatée depuis 1900. Elle n'a d'ailleurs rien de régulier ni d'harmonieux : elle est ponctuée de stagnations, voire de reculs. La raison en est simple : le

1. Anthony B. ATKINSON, Thomas PIKETTY et Emmanuel SAEZ, « Top incomes in the long run of history », *NBER Working Paper*, vol. 15408, octobre 2009, http://gesd.free.fr/aps2009.pdf ; données statistiques : http://gesd.free.fr/aps2009.xls.

2. Voir Michel HUSSON, « De la prospérité des riches », note n° 14, septembre 2010, http://hussonet.free.fr/atkipiks.pdf.

Tableau 2. Part du 1 % les plus riches dans les revenus

	1982	*2005*
France	7,1	8,2
Allemagne	9,4	11,1[b]
Inde	4,5	8,9[c]
Chine	2,6[a]	5,9[d]
Japon	7,0	9,2
Suède	4,0	6,6[e]
Moyenne hors États-Unis et Royaume-Uni	*5,6*	*7,9*
États-Unis	8,4	18,3[f]
Royaume-Uni	6,9	14,3
Moyenne des 8 pays	*6,3*	*11,1*

a. 1986 ; b. 1998 ; c. 1999 ; d. 2003 ; e. 2006 ; f. 2007.
Source : Anthony B. Atkinson, Thomas Piketty et Emmanuel Saez, « Top incomes in the long run of history », *NBER Working Paper*, n° 15408, octobre 2009.

fonctionnement spontané du capitalisme ne réduit pas naturellement les inégalités. Il faut y voir l'effet des luttes sociales, des évolutions dans la structure de la force de travail, et aussi des politiques publiques.

C'est particulièrement frappant dans le cas des États-Unis : l'arrivée au pouvoir de Reagan enclenche assez rapidement une montée en flèche des inégalités, qui se retrouvent aujourd'hui au même degré que dans les années 1930. Cette évolution aurait pu être compensée par les politiques publiques de redistribution. Si cet effet de compensation n'a pas disparu, il est peu à peu grignoté par des contre-réformes fiscales qui vont toujours dans la même direction, à savoir un allègement des impôts pesant sur les ménages les plus favorisés et sur les entreprises. Le taux d'imposition sur la tranche supérieure de revenu baisse, comme le taux d'imposition des sociétés (tableau 3). Les politiques fiscales néolibérales accompagnent donc le creusement des inégalités au lieu de le modérer. En ce sens, l'intervention de l'État n'a pas diminué en tant qu'agent actif de la structuration de la société. On pourrait dire que l'État social se transforme en État antisocial.

La courbe des inégalités résume ainsi l'histoire récente des rapports de forces entre capital et travail. Jusqu'au milieu des années 1970, ils avaient permis de mettre en place une norme salariale établissant un lien entre salaire et productivité. La crise de

Tableau 3. Évolution de la fiscalité

	Impôt sur le revenu Taux de la tranche supérieure		*Impôt sur les sociétés Taux de référence*	
	1981	*2008*	*1990*	*2009*
Allemagne	56	45	50,0	15,8
Belgique	72	50	41,0	34,0
Espagne	65	27	35,0	30,0
États-Unis	70	35	34,0	35,0
France	60	40	42,0	34,4
Irlande	60	41	43,0	12,5
Italie	72	43	52,0	27,5
Royaume-Uni	60	40	35,4	28,0

Source : OECD Tax Database, www.oecd.org/ctp/taxdatabase.

1974-1975 installe le chômage de masse dans le paysage, et c'est sans doute le principal facteur de dégradation des rapports de forces, qui permet la mise en place d'un régime néolibéral favorisant la montée des inégalités.

Les deux principaux facteurs en cause sont facilement identifiables : c'est, à la base, la compression salariale, autrement dit la baisse de la part des salaires dans le revenu national ; et c'est, au sommet, l'explosion des revenus financiers (assortie de contre-réformes fiscales). Sur le premier point, on peut observer une étroite corrélation entre l'évolution du partage entre profit et salaires et les inégalités : abstraction faite des fluctuations liées à la conjoncture, la part du profit tend à baisser lentement jusqu'à la récession du milieu des années 1970, puis se stabilise à un bas niveau jusqu'au début des années 1980. Le tournant libéral du début des années 1980 conduit à un retournement à la hausse de la part du profit, qui, avec un décalage d'environ deux ans, se répercute sur l'indicateur mesurant le creusement des inégalités. Le second levier est l'envol de la Bourse. Là encore, on constate une nette corrélation avec les inégalités de revenus. Compression salariale et inflation boursière sont donc les deux facteurs qui conduisent au creusement des inégalités.

Ce bilan est partagé par des institutions internationales comme le FMI, l'OCDE ou la Commission européenne. Il existe cependant un débat mettant en cause la réalité de ce phénomène dans le cas de la France. La montée des inégalités y est certes moins forte, mais la part des salaires a beaucoup baissé entre 1982 et 1989 et se situe depuis à un niveau historiquement bas [1].

LES INÉGALITÉS AU NIVEAU MONDIAL

La mondialisation creuse-t-elle les inégalités ou bien les réduit-elle ? Cette question est facile à poser, mais il est difficile d'y répondre simplement. S'il s'agit des inégalités de revenus à l'intérieur de chaque pays, les choses sont assez claires : les inégalités augmentent dans la plupart des pays, comme on vient de le montrer. S'il s'agit des inégalités à l'échelle mondiale, les choses se compliquent selon qu'on raisonne sur les pays ou sur les individus qui peuplent ces pays. Il faut alors distinguer trois définitions des inégalités, en suivant la présentation de Branko Milanovic, qui travaille sur ces questions à la Banque mondiale :

– les inégalités entre pays. Le plus simple est de classer les pays en fonction de leur PIB par tête et de calculer un indicateur de répartition, par exemple le coefficient de Gini qui mesure l'écart entre la distribution observée et une distribution parfaitement égalitaire. Dans ce cas, chaque pays compte comme « un individu ». On obtient alors le *Gini 1* ;

– les inégalités entre pays pondérés par leur population. Dans le calcul précédent, un petit pays riche (le Luxembourg) pèse autant qu'un grand pays pauvre (la Chine). Pour compenser ce biais, on pondère chaque pays en fonction de sa population. De cette manière, la Chine comptera plus que le Luxembourg. On obtient le *Gini 2* ;

– ce calcul n'est pas pleinement satisfaisant, dans la mesure où chaque Chinois figure avec le revenu chinois moyen. Or les inégalités peuvent se creuser à l'intérieur d'un pays, et c'est notamment le cas en Chine. Il faut donc calculer un indice global qui mélange l'ensemble des habitants de la planète. On obtient alors le *Gini 3*.

Ces mesures posent d'importants problèmes de méthode. Il faut notamment prendre en compte les prix en vigueur dans

1. Pour une synthèse, voir Michel HUSSON, « Compression salariale et inégalités de revenus », octobre 2010, http://hussonet.free.fr/solineg.pdf.

chaque pays pour mesurer le pouvoir d'achat du revenu en « parité de pouvoir d'achat » plutôt qu'en utilisant les taux de change observés sur le marché des devises. L'amélioration des données statistiques conduit périodiquement à des rectifications qui peuvent être de grande ampleur. Ainsi, les nouvelles données sur les prix collectées en 2005 ont conduit à réviser les résultats antérieurs, notamment en ce qui concerne la Chine et l'Inde : « Les inégalités sont beaucoup plus élevées qu'on ne le pensait. L'inégalité globale entre les citoyens du monde est estimée à 70 points de Gini au lieu de 65 auparavant. Le décile le plus riche reçoit 57 % du revenu mondial, plutôt que 50 % [1]. »

Ces nouvelles données ont conduit Branko Milanovic à dresser un constat encore plus net que dans son livre de référence [2] où il concluait à une hausse modérée des inégalités. Quand on

1. Branko Milanovic, *Global Inequality Recalculated : the Effect of New 2005 PPP Estimates on Global Inequality*, World Bank, Research Department, 30 août 2009, http://gesd.free.fr/glorecalc.pdf.

2. Branko Milanovic, *Worlds Apart*, Princeton, Princeton University Press, 2005.

compte chaque pays comme un seul individu, l'indicateur correspondant (Gini 1) évolue à la hausse entre 1980 et 2000 : la mondialisation tend donc à accroître les écarts entre pays. Mais, si l'on tient compte de la taille relative des populations, l'indicateur obtenu (Gini 2) tend à baisser à partir de 1980, en raison de la croissance du PIB par tête dans les grands pays émergents : d'abord la Chine, essentiellement, puis l'Inde au cours de la dernière décennie. Enfin, si l'on veut avoir une idée des inégalités globales (chaque individu de la planète compte alors pour un), l'indicateur correspondant (Gini 3) présente une évolution différente : les inégalités se creusent à partir de 1980 et se stabilisent à un niveau élevé [1].

Sur plus longue période, les inégalités mondiales (entre individus) n'ont pratiquement jamais cessé de se creuser depuis le début du capitalisme. Les seules exceptions correspondent aux périodes pendant lesquelles de grands pays du Sud ont adopté un modèle de croissance plus autocentré : dans l'entre-deux-guerres et durant les trente glorieuses. Mais la mondialisation introduit un « retournement de tendance historique [qui fait passer] d'une inégalité croissante entre pays, mais constante ou en déclin à l'intérieur des pays, à une baisse des inégalités entre pays s'accompagnant d'une montée des inégalités en leur sein ». Dans ces conditions, et c'est un effet majeur de la mondialisation, « il se pourrait que, dans le monde de demain, les revenus dépendent moins de la nationalité que de l'emploi occupé et du niveau d'éducation [2] ».

UN LENT ET INÉGAL RECUL DE LA PAUVRETÉ

Au total, pour reprendre une formule de Malinovic, « l'inégalité entre les individus du monde est stupéfiante » : les 10 % des individus les plus riches reçoivent 55 % du revenu mondial. Ce constat vaut aussi pour les pays émergents. Ainsi, dans une étude récente consacrée à quatre d'entre eux (Afrique du Sud, Brésil, Chine, Inde), l'OCDE note que « sauf au Brésil, les inégalités de

1. Voir Michel HUSSON, « Les inégalités à l'échelle mondiale », note n° 26, octobre 2010, http://hussonet.free.fr/branko.pdf.

2. Glenn FIREBAUGH, « Comment on debate about income inequality trends », 2 juillet 2008, http://goo.gl/1tTuu. Glenn Firebaugh est l'auteur de *The New Geography of Global Income Inequality*, Cambridge, Harvard University Press, 2003.

revenus (et de consommation) ont augmenté dans les années 2000 par rapport à la décennie précédente [1] ». Mais, d'un autre côté, « la forte croissance économique a contribué à réduire l'extrême pauvreté de manière significative en Chine, en Inde et au Brésil, et dans une moindre mesure en Afrique du Sud », même si « les bénéfices de l'intégration économique n'ont pas été partagés équitablement ».

La pauvreté est ici mesurée par la proportion de personnes vivant avec moins de 1,25 dollar par jour (en parité de pouvoir d'achat pour tenir compte des différences de prix entre pays). L'un des « Objectifs du Millénaire pour le développement » définis en 2000 par l'ONU visait à une réduction de moitié de cette proportion entre 1990 et 2015. Le bilan intermédiaire dressé en 2010 [2] mon-

1. OCDE, *Tackling Inequalities in Brazil, China, India and South Africa*, 2010.

tre que la pauvreté a effectivement régressé dans les pays en développement pris dans leur ensemble, puisque la proportion de pauvres y est passée de 45,7 % à 26,6 % entre 1990 et 2005. L'objectif fixé à 22,8 % semble donc à portée de main (tableau 4).

Les pays émergents, et notamment la Chine et l'Inde, contribuent à ce recul global de la pauvreté. Mais ce mouvement est très inégal : l'Afrique subsaharienne n'a pas beaucoup avancé, et la catégorie des pays les moins développés (12 % de la population mondiale) n'enregistre que de modestes progrès. En 2005, 1,4 milliard de personnes vivaient encore dans une pauvreté extrême et l'ONU souligne que les effets de la crise « risquent d'être durables : les taux de pauvreté seront légèrement plus élevés en 2015, voire jusqu'en 2020, que si l'économie avait continué de croître au même rythme qu'avant la crise ».

Tableau 4. Proportion de pauvres*

	1990	*2005*	*Objectif 2015*
Pays en développement	45,7	26,6	22,8
Pays les moins développés	63,3	53,4	31,6
Afrique subsaharienne	57,5	50,9	28,8
Amérique latine	11,3	8,2	5,6
Asie de l'Est	60,1	15,9	30,0
Asie du Sud	49,5	38,6	24,7
Asie du Sud-Est	39,2	18,9	19,6
Asie de l'Ouest	2,2	5,8	1,1

* Personnes vivant avec moins de 1,25 dollar par jour.
Source : ONU, *Objectifs du Millénaire pour le développement. Rapport 2010*, http://gesd.free.fr/mdgr2010.pdf.

La réduction de la pauvreté ainsi mesurée est compatible avec la montée des inégalités. Cela veut dire que le revenu des plus pauvres s'élève dans les pays à forte croissance – les sortant ainsi de la pauvreté – mais qu'il progresse moins vite que le revenu des couches sociales plus favorisées. On retrouve ici un modèle de développement inégal : les pauvres profitent de la croissance, mais moins ou beaucoup moins que les autres.

2. ONU, *Objectifs du Millénaire pour le développement. Rapport 2010*, http://gesd.free.fr/mdgr2010.pdf.

La pauvreté monétaire n'est cependant qu'une mesure partielle du niveau de vie. Après tout, il faut d'abord manger, et l'objectif numéro 1 de l'ONU visait une autre cible : réduire de moitié, entre 1990 et 2015, la proportion de la population qui souffre de la faim. Cette proportion baissait régulièrement jusqu'au milieu des années 1990, mais elle stagne depuis autour de 13 % à 14 % de la population mondiale et s'éloigne de l'objectif de 8 % fixé pour 2015. Près d'un milliard de personnes sont aujourd'hui sous-alimentées, pour une population mondiale d'environ 6,8 milliards d'individus. Les crises alimentaires récentes ont eu pour conséquence que « le nombre d'individus dénutris ne cesse d'augmenter, alors que, dans certaines régions, les progrès, déjà lents, visant à réduire la prévalence de la faim se sont ralentis (quand ils n'ont pas été réduits à néant) entre 2000-2002 et 2005-2007 ».

La pauvreté n'épargne pas les personnes ayant un emploi. C'est le phénomène de la pauvreté laborieuse (*working poors*). En 1998, 48 % des travailleurs des pays en développement se

trouvaient en dessous du seuil de pauvreté (1,25 dollar par jour), même en disposant d'un emploi. Cette proportion a nettement baissé, puisqu'elle n'était plus que de 26 % dix ans plus tard. Mais la crise économique a suffi à la faire remonter à 31 %. Cette proportion reste énorme en Afrique subsaharienne (64 %) et en Asie du Sud (51 %).

Outre l'éradication de la pauvreté et de la faim, l'ONU se fixait d'autres objectifs : éducation primaire pour tous ; égalité et autonomisation des femmes ; réduction de la mortalité infantile ; amélioration de la santé maternelle ; lutte contre le sida, le paludisme et d'autres maladies ; environnement humain durable ; partenariat mondial pour le développement. Cette liste a le mérite de désigner les priorités qu'un véritable développement humain devrait se fixer. Elle correspond à la notion de biens publics mondiaux, autrement dit aux droits qui devraient être garantis à tous les habitants de cette planète. Le coût de la réalisation de ces objectifs a été évalué en 2005 [1]. Les sommes nécessaires devraient augmenter progressivement : 121 milliards de dollars en 2006, puis 143 milliards en 2010 et enfin 189 milliards en 2015. Elles ne représentent au maximum que 0,35 % du PIB mondial, soit une journée par an, ou encore 9 % des dépenses militaires que le Sipri (Stockholm International Peace Research Institute) évalue à 1 531 milliards de dollars en 2009.

Ces chiffres parlent d'eux-mêmes, surtout quand on les compare aux sommes englouties dans le sauvetage des banques. Dans quel monde barbare vivons-nous, qui ne réussit pas à garantir ces droits élémentaires à l'ensemble des habitants de la planète ? Le monde capitaliste, pris dans sa globalité, reste un monde profondément inégalitaire (voir encadré). Mais, comme les bons sentiments ne servent pas à grand-chose, comment ne pas voir aussi que cet investissement serait d'un rendement extraordinaire ? En attaquant la misère de tous les côtés, en garantissant une existence correcte, on gagnerait sur les autres tableaux puisque la dégradation de l'environnement serait freinée en même temps que la natalité.

1. *Investir dans le développement : plan pratique pour réaliser les Objectifs du Millénaire pour le développement*, Projet Objectifs du Millénaire des Nations unies, New York, 2005, tableau 17.3, p. 300, http://tinyurl.com/44todr.

Si le monde était un village...

Si l'on ramenait la population mondiale à un village de 100 habitants, il ressemblerait à ceci :
- 81 vivraient dans un pays en développement avec un revenu moyen de 3 580 dollars, les 19 autres vivraient dans un pays développé avec un revenu moyen de 22 060 dollars ;
- il y aurait 61 Asiatiques, 12 Européens, 13 Africains, 9 Sud-Américains et 5 Nord-Américains ;
- 75 seraient non blancs, tandis que 25 seraient blancs ;
- 48 vivraient avec moins de 2 dollars par jour, et 20 vivraient avec moins de 1 dollar ;
- 48 n'auraient pas accès à des installations sanitaires élémentaires ;
- 50 seraient citadins ;
- 25 seraient sans logement ou vivraient dans des logements insalubres ;
- 17 auraient moins de 18 ans ;
- 16 n'auraient pas accès à l'eau potable ;
- 16 seraient illettrés ;
- 14 souffriraient de malnutrition ;
- 8 auraient accès à Internet à la maison ;
- 4,5 seraient des citoyens des États-Unis ;
- 1 serait infecté par le VIH/sida ;
- 1 seul serait diplômé de l'enseignement supérieur.

Source : nationsonline.org, *Summary of the World*, http://goo.gl/RoCqW.

Ce bilan d'ensemble rejoint le constat d'un grand basculement du monde. Pour simplifier, le capitalisme a épuisé son potentiel de progrès social au Nord, tandis qu'une partie du Sud connaît un mode de développement brutal et inégalitaire qui conduit cependant à sortir une fraction de la population de l'extrême pauvreté. La Chine parcourt aujourd'hui un chemin assez analogue à celui que l'Angleterre a emprunté au début de la révolution industrielle. Ce parallèle est suggéré par Zygmunt Bauman : « Le capital accumulé dans les régions développées du monde est libre de reconstituer dans des endroits éloignés les conditions qui prévalaient dans leur pays d'origine à l'époque de l'accumulation primitive, avec cette différence : cette fois les patrons sont des "propriétaires à distance", à des milliers de kilomètres de la main-d'œuvre qu'ils emploient. Les patrons ont rompu unilatéralement toute obligation de réciprocité, tout en multipliant à leur guise le nombre de ceux qui sont exposés aux effets de leur nouvelle liberté de manœuvre [1]. »

Le capitalisme mondialisé est fortement excluant : il a pour effet de trier parmi les pays, les régions et les catégories sociales. Il enrôle ce qui peut trouver une place dans sa dynamique et tient les autres à l'écart dans une logique de *containment*. Cette exclusion prend des formes différentes, mais le sous-emploi au Sud et la pauvreté laborieuse au Nord relèvent de cette même logique de segmentation. Pour dire les choses autrement, les besoins sociaux ne sont satisfaits que dans la mesure où ils sont rentables. Les autres sont soumis à un effet d'éviction.

L'exemple de la culture du maïs au Mexique permettra de rendre les choses plus concrètes. Jusqu'au milieu des années 1980, elle était doublement régulée : à l'extérieur, les exportations étaient étroitement limitées ; à l'intérieur, le revenu des producteurs était stabilisé par des prix de garantie, et les couches sociales les plus défavorisées avaient accès à un réseau de distribution (la Conasupo) où le maïs leur était vendu à des prix eux aussi garantis. Cette intervention de l'État visait à la satisfaction de besoins sociaux élémentaires, à savoir l'emploi et le revenu des petits producteurs, et l'alimentation de base des plus pauvres.

Ce n'était pas le paradis sur terre, mais les dispositifs institutionnels existaient, même s'ils étaient périodiquement remis en cause. Ils ont été détruits par la politique de libéralisation et d'ouverture commerciale qui s'est mise en place au lendemain de la crise de la dette de 1982. Les frontières se sont ouvertes aux importations, les prix de garantie ont été progressivement supprimés ainsi que la Conasupo. Les producteurs mexicains de maïs n'avaient aucune chance face à l'*agrobusiness* américain, par ailleurs largement subventionné, et ce qui devait arriver arriva : ils ont été en grande partie évincés, perdant leur emploi et leurs ressources, tandis que le pouvoir d'achat des plus bas revenus était rogné par la suppression des réseaux de distribution subventionnés. On ne peut comprendre autrement la crise récente, dite de la « tortilla ». En 2007, pour des raisons en grande partie spéculatives, le prix du

1. Zygmunt Bauman, « Inequality playing musical chairs », *Social Europe*, octobre 2010, http://goo.gl/f8yPK.

maïs s'est envolé (70 % en six mois) et a provoqué des émeutes de la faim qui se reproduiront, pour les mêmes motifs, dans d'autres pays. Cette crise a révélé également la disparition irréversible d'une grande partie de la production nationale. Cet exemple a le mérite de rappeler que la soumission aux effets néfastes de la mondialisation est le résultat de choix politiques décidés par les gouvernements successifs, certes soumis aux exigences du FMI, mais qui les ont assumés et approfondis durant des années.

Ce récit illustre en creux ce que pourraient être les grandes lignes d'une autre orientation. Elles sont d'ailleurs bien connues, contrairement aux assertions selon lesquelles il n'y aurait pas d'alternative. Il s'agit de répartir les revenus de manière plus égalitaire et de « démondialiser » les économies. De la même façon que la mondialisation est un vecteur d'inégalités, ces deux mouvements sont indissociables. Recentrer l'économie sur la demande intérieure n'a de sens que si celle-ci est solvabilisée, et cela ne peut être le cas sans redistribution des richesses. Il ne s'agit pas d'utopies sympathiques, mais de véritables dilemmes auxquels sont confrontés aussi bien les États-Unis que la Chine. Dans le cas des États-Unis, le modèle du dernier quart de siècle peut être résumé autour de trois caractéristiques : inégalités, surconsommation et endettement extérieur. Cette croissance à crédit, financée par le reste du monde, ne profitait d'ailleurs pas à la majorité de la population. Or ce modèle a été mis à bas par la crise et ne peut être vraiment relancé [1]. Pour réduire la dépendance financière extérieure, il faut que le taux d'épargne des ménages se redresse (ce qu'il fait d'ailleurs) ; mais cela implique une moindre croissance, qui ne serait tolérable qu'à la condition qu'elle soit mieux répartie. Ou alors il faut doper les exportations. Mais cette voie est tout aussi bouchée. Les principales puissances ne peuvent toutes adopter la même stratégie de croissance tirée par les exportations, et cela vaut aussi pour l'Allemagne vis-à-vis du reste de l'Europe. L'autre possibilité passerait par l'amélioration de la compétitivité des exportations américaines, obtenue grâce à une dévaluation accrue du dollar. Mais celle-ci aurait à son tour des effets récessifs, notamment sur l'économie européenne.

Un constat similaire, même si c'est en sens inverse, peut être tiré en ce qui concerne la Chine : son modèle de croissance a résisté à la crise, mais il n'est pas pour autant soutenable, en raison de la part très réduite, et même déclinante, de la consommation dans l'ensemble de la production. Là encore, la clé d'un recentrage de l'économie chinoise sur son marché intérieur repose sur la remise en cause d'une répartition des revenus très inégalitaire [2].

« L'ÉGALITÉ, C'EST LA SANTÉ »

Dans un livre récent, Richard Wilkinson et Kate Pitchett montrent pourquoi l'égalité profite à tout le monde [3]. Ils mobilisent un grand nombre d'études qui établissent que les dysfonctionnements sociaux sont corrélés aux inégalités : relations sociales dégradées, santé mentale et addictions, obésité, éducation, violence et

1. Michel HUSSON, « États-Unis : la fin d'un modèle », *La Brèche*, n° 3, 2008, http://hussonet.free.fr/usbrech3.pdf.

2. Michel HUSSON, « Chine-USA. Les lendemains incertains de la crise », *Nouveaux Cahiers socialistes*, n° 2, septembre 2009, http://hussonet.free.fr/chimeri.pdf.

3. Richard WILKINSON et Kate PICKETT, *The Spirit Level. Why Equality is Better for Everyone*, Londres, Penguin Books, 2010.

délinquance, mobilité sociale. Dans un autre livre, heureusement traduit en français [1], Wilkinson montrait que les différences en termes de santé que l'on observe sur des populations comparables s'expliquent par leur degré relatif d'inégalité. Toutes choses égales par ailleurs, un groupe social égalitaire est en meilleure santé.

Or les écarts de performances de santé s'expliquent par les dépenses de santé, mais aussi par la part du secteur public dans ces dépenses [2]. Par ailleurs, les inégalités varient en sens inverse du poids des dépenses publiques [3]. On a donc un triangle gagnant : plus de dépenses publiques, moins d'inégalités et une meilleure santé. Wilkinson s'appuie sur des indicateurs objectifs, les deux grands classiques étant en la matière l'espérance de vie et le taux de mortalité infantile, mais il travaille aussi sur des indicateurs plus subjectifs qu'il met en relation avec des données sociales quantifiées. Il montre ainsi que les individus font moins confiance à autrui dans les pays où les écarts de revenus sont plus importants. C'est toute la différence avec l'étude de Yann Algan et Pierre Cahuc citée dans le chapitre 1 et qui faisait de ce degré de confiance un attribut quasiment génétique de chaque nationalité ou même de chaque ethnie.

Tout l'intérêt du travail de Wilkinson est au contraire de faire le lien entre rapports sociaux et facteurs psycho-sociaux, avec un rôle particulier attribué au degré d'intégration dans des réseaux sociaux. Les nombreuses études statistiques mobilisées montrent de manière saisissante que ces facteurs psycho-sociaux surdéterminent le niveau de santé au-delà de la simple prise en compte des conditions de vie matérielles. Wilkinson en déduit que la nature humaine ne se réduit pas à la cupidité, mais oscille entre deux aspirations contradictoires : coopération et domination. Et chaque société opère un « dosage » spécifique entre ces deux ordres de motivation. Il va sans dire que les contre-réformes libérales ont pour effet de décourager le désir de coopération et d'engendrer un repli général sur une forme régressive et conflic-

1. Richard WILKINSON, *L'Égalité c'est la santé*, Paris, Demopolis, 2010.

2. Michel HUSSON, « La santé, un bien supérieur ? », *Chronique internationale de l'Ires*, n° 91, 2004, http://hussonet.free.fr/ecosante.pdf.

3. Jean GADREY, « Inégalités, pauvreté et redistribution », *Alternatives économiques*, n° 239, septembre 2005, http://gesd.free.fr/gadrey5.pdf.

tuelle d'individualisme. Le message est alors très clair : l'égalité est la condition absolue du bien-être social et de la véritable liberté, définie comme « le sentiment de ne pas être méprisé et traité en inférieur ».

En creusant les inégalités à travers le monde, le capitalisme détourne l'humanité de la recherche rationnelle de son bien-être. La théorie du *trickle down* a donc fait faillite et fait partie de ces idées mortes qui survivent comme des zombies, pour reprendre l'image du livre remarquable de John Quiggin [1]. La conclusion qu'il faut à nouveau souligner, c'est que le fonctionnement du capitalisme conduit à la polarisation des richesses et que seules les pressions sociales peuvent infléchir ce penchant « naturel ».

Bibliographie choisie

MADDISON Angus, *Contours of the World Economy, 1-2030 AD. Essays in Macroeconomic History*, New York, Oxford University Press, 2007.

PIKETTY Thomas, *Les Hauts Revenus en France au XXe siècle : inégalités et redistribution, 1901-1998*, Paris, Hachette, « Pluriel », 2006, http://tinyurl.com/Piketty1.

WILKINSON Richard, *L'Égalité, c'est la santé*, Paris, Demopolis, 2010.

1. John QUIGGIN, *Zombie Economics. How Dead Ideas Still Walk among Us*, Princeton, Princeton University Press, 2010.

4. DE QUOI AVONS-NOUS (VRAIMENT) BESOIN ?

> « La production produit donc la consommation : 1) en lui fournissant le matériau ; 2) en déterminant le mode de consommation ; 3) en faisant apparaître chez le consommateur sous la forme de besoin les produits posés d'abord par elle sous forme d'objet. Elle produit donc l'objet de la consommation, le mode de consommation, la pulsion de consommation. »
>
> Karl MARX, *Manuscrits de 1857-1858 (Grundrisse)*, 1857.

UN MOTEUR À DEUX TEMPS : PROFITS ET DÉBOUCHÉS

Le seul critère d'efficacité du capitalisme, c'est le profit. Mais, comme il faut bien vendre, il a aussi besoin de débouchés. Sa reproduction est donc soumise à certaines conditions. Il faut, bien sûr, qu'existe une demande solvable – autrement dit assortie de pouvoir d'achat – à hauteur de la valeur des marchandises produites. Il faut qu'il y ait des consommateurs pour acheter les biens de consommation, et des entreprises pour acheter les biens d'investissement. Ces conditions de reproduction ont été étudiées par Marx dans *Le Capital*, et cette analyse anticipait la macroéconomie moderne, comme l'a reconnu Paul Samuelson : « Marx a vraiment inventé les modèles de reproduction à deux secteurs. Ce sont des anticipations utiles des travaux menés aujourd'hui [...]. Sincèrement, je ne pense pas que les développements contemporains aient été influencés, directement ou indirectement, par les écrits de Marx. Mais nous aurions tous pu bénéficier

plus tôt de l'étude des tableaux de Marx [1]. » C'est ce que disait aussi Joan Robinson : « Keynes n'a jamais rien compris de Marx [...], mais s'il était parti de Marx, plutôt que de l'économie orthodoxe, il se serait épargné beaucoup d'efforts [2]. »

Cependant, les conditions de reproduction ne se résument pas à la correspondance nécessaire entre l'offre et la demande effective mesurées en termes monétaires. Il faut aussi que cette correspondance existe du point de vue de la nature des biens et services offerts. Imaginons que l'offre, du côté des entreprises, soit uniquement composée de voitures, mais que les consommateurs souhaitent acheter des téléphones portables. Même si les sommes concernées sont équivalentes, autrement dit si le pouvoir d'achat des ménages est égal à la valeur virtuelle des voitures, il est clair que la reproduction du capital n'est pas assurée. La

1. Paul SAMUELSON, « Marxian economics as economics », *American Economic Review*, vol. 57, mai 1967, http://gesd.free.fr/samumarx.pdf.

2. Joan ROBINSON, « Kalecki and Keynes », *Collected Economic Papers*, vol. III, Oxford, Blackwell, 1964.

correspondance doit porter non seulement sur les sommes globales, mais aussi sur leur structure.

On retrouve ici la distinction classique entre valeur d'échange et valeur d'usage, ou plus simplement entre valeur monétaire et capacité de répondre à un besoin. Les deux dimensions interviennent de façon conjointe [1].

Cette nécessaire adéquation entre la production et les biens concrets qui matérialisent les besoins sociaux apparaît encore plus clairement si on raisonne en dynamique. Car il faut alors que la structure des besoins sociaux (solvables) évolue en correspon-

1. C'est l'occasion de rompre avec une vision schématique opposant un marxisme qui ne s'intéresserait qu'aux valeurs d'échange et la théorie néoclassique faisant jouer un rôle central à l'utilité. Or les valeurs d'usage importent, même dans le champ du marxisme, parce que le bouclage concret des schémas de reproduction suppose une correspondance entre ce qui est produit et ce qui est consommé. Marx écrit par exemple que « pour qu'une marchandise puisse être vendue à sa valeur de marché, c'est-à-dire proportionnellement au travail social nécessaire qu'elle contient, la masse totale du travail social utilisée pour la totalité de cette sorte de marchandise doit correspondre à l'importance du besoin social existant pour cette marchandise, c'est-à-dire du besoin social solvable », Karl MARX, *Le Capital*, Paris, Éditions sociales, tome 6, 1974, p. 207.

dance avec l'offre, et pas seulement du seul point de vue des masses de valeurs, mais aussi de la structure des valeurs d'usage qui « portent » cette valeur d'échange globale. Il s'agit d'autre chose que d'une condition de proportionnalité très globale entre grandes sections, entre accumulation et consommation. C'est à l'intérieur de chacune d'entre elles que cette adéquation structurelle doit être constamment reproduite.

Bref, on ne fait pas boire un âne qui n'a pas soif. Il faut que la structure de consommation soit compatible avec l'orientation de l'accumulation.

DEMANDE SOCIALE ET RENTABILITÉ : LE GRAND ÉCART

Or, en ce qui concerne notre situation actuelle, depuis la fin du fordisme, un écart grandissant s'est développé entre la manière dont sont révélés et satisfaits les besoins sociaux et les exigences du régime d'accumulation. Cela tient principalement à un déplacement de la demande sociale des biens manufacturés vers les services. Cette thèse d'une divergence croissante entre demande sociale et recherche du profit peut être illustrée à partir de l'évolution comparée des structures de la consommation des ménages et de la production, qui fait apparaître trois grandes tendances.

La première tendance est paradoxale : la part de la consommation privée, c'est-à-dire satisfaite par le « marché », décroît régulièrement. En France, cette forme de consommation représente un peu plus de la moitié de la consommation des ménages contre plus des trois quarts en 1950 (tableau 5). La contrepartie de ce recul se trouve du côté du logement (qui passe de 3 % à 16 % du total) et de ce qui est ici baptisé « consommation collective ». Cette catégorie contient en premier lieu les services administrés (éducation, santé, action sociale) offerts par les services publics : ils représentent 22 % de la consommation des ménages, contre 13 % en 1950. On y a ajouté l'énergie, les transports et les télécommunications qui échappaient ou échappent encore en partie à un fonctionnement purement marchand.

Autrement dit, les biens et services marchands individualisables occupent une place décroissante dans la consommation. Les biens et services collectifs ou non marchands représentent au contraire une fraction croissante de celle-ci, qui représente environ la moitié aujourd'hui. Ce constat invite à nuancer l'image spontanée

Tableau 5. Évolution de la structure de la consommation en France

	1950	*1980*	*2009*
Consommation privée	77 %	59 %	52 %
Consommation publique + services publics	20 %	31 %	32 %
Logement	3 %	10 %	16 %

Source : Insee.

du consommateur allant « au marché » : la moitié de sa consommation se porte en effet sur des biens ou services qui relèvent d'une offre et d'une consommation collectives. Les privatisations, qui visent à substituer une offre privée à la mise à disposition de biens publics, représentent évidemment une forte contre-tendance.

Qu'il s'agisse du logement, de l'énergie, des transports collectifs, des télécommunications, de la santé ou de l'éducation, on a affaire à un type de consommation qui ne relève pas d'un acte individuel d'achat et est de fait soumis, non pas au jeu classique

du marché, mais à une intervention publique, sous forme directe ou par l'intermédiaire de politiques et de réglementations. Cette distinction est importante : autant la nationalisation de l'industrie de la chaussure n'est pas forcément une alternative efficace, autant la moitié de la demande sociale associée à des consommations collectives se prêterait bien à une offre socialisée.

La résistance des besoins sociaux à la marchandisation peut aussi être mesurée à partir d'une deuxième tendance, celle du taux de prélèvements obligatoires, obtenu en rapportant au PIB le total des impôts et des cotisations sociales. Il faudrait d'ailleurs récuser cette expression qui revient à les assimiler à des ponctions forcées, mais c'est une mesure approximative du degré de socialisation de l'économie, autrement dit de tout ce qui échappe à l'initiative privée. Il est donc logique que l'un des objectifs prioritaires des politiques néolibérales soit de le faire baisser. Or ces politiques n'ont pas vraiment réussi. Certes, le taux de prélèvements obligatoires tend à baisser un peu à partir du début de ce siècle, mais il se maintient malgré tout à des niveaux élevés. La montée qui s'est produite entre 1975 et 1985 est très loin d'avoir été effacée et, si la France se situe au-dessus de la moyenne européenne, son évolution reste dans la « norme » (graphique 1).

Graphique 1. Taux de prélèvements obligatoires en France et en Europe

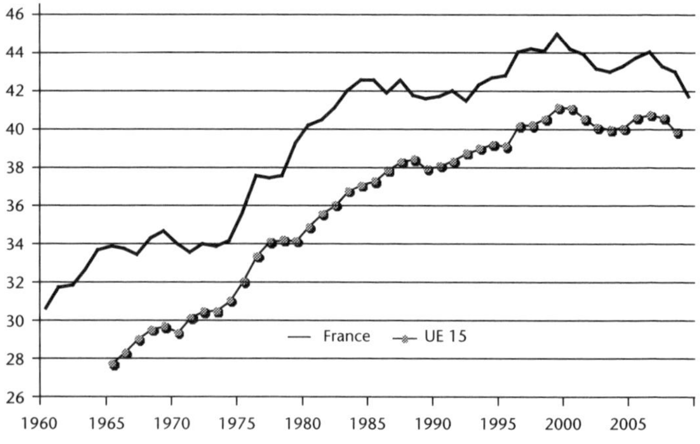

Source : OCDE, *Statistiques des recettes publiques*, 2009 ; Insee.

La troisième tendance porte sur l'évolution de la productivité. Le phénomène le plus marquant, déjà signalé, est le ralentissement enregistré entre les trente glorieuses et la période néolibérale : entre 1949 et 1974, la productivité par tête a augmenté en France au rythme exceptionnel de presque 6 % par an, mais la progression n'est plus que de 2 % par an entre 1982 et 2007, retrouvant ainsi sa tendance sur l'ensemble du XXe siècle (tableau 6).

Tableau 6. Les gains de productivité par grands secteurs en France

	1949-1974	*1982-2007*	*Différence*
Ensemble des secteurs marchands	*5,9*	*2,0*	*– 3,9*
Industrie	5,8	3,3	– 2,5
Secteurs marchands hors industrie	5,9	1,5	– 4,4

Source : Insee.

Mais, surtout, ce ralentissement n'est pas uniforme : il est beaucoup plus marqué dans les secteurs non industriels (– 4,4 points) que dans l'industrie (– 2,5 points). Autrement dit, le déplacement de la demande sociale de l'industrie vers les services contribue au ralentissement des gains de productivité sur l'ensemble de l'économie. Ces trois tendances expliquent la configuration générale qui se met en place : la demande sociale est de moins en moins conforme aux exigences de rentabilité. Cette évolution sert de révélateur à cette caractéristique fondamentale du capitalisme : son objectif n'est pas la satisfaction optimale des besoins humains, et la nécessité d'une adéquation à ces besoins est une contrainte que le système va chercher à déplacer.

VERS LA CRISE SYSTÉMIQUE

Cette transformation des besoins sociaux entre en contradiction avec les exigences de l'accumulation parce qu'elle équivaut à un déplacement vers des secteurs de production (de biens ou de services) à moindre potentiel en productivité, et donc en profitabilité. Sans compter que, dans les coulisses de l'appareil productif également, la part des services utilisés par l'industrie tend elle aussi à augmenter.

Cette modification structurelle de la demande sociale est l'une des causes du ralentissement de la productivité, et celle-ci vient ensuite raréfier les occasions d'investissements rentables. Ce n'est d'ailleurs pas parce que l'accumulation du capital a ralenti que la productivité a elle-même ralenti. C'est au contraire parce que la productivité a ralenti que l'accumulation ralentit et que la croissance est bridée, avec des effets en retour sur la productivité.

La formation d'une économie mondialisée renforce ce mécanisme, parce que la confrontation des besoins sociaux élémentaires au Sud avec les normes de compétitivité du Nord tend à évincer une partie des producteurs (et donc des besoins) du Sud. Dans ces conditions, la distribution de revenu aux salariés ne crée pas les débouchés adéquats, dans la mesure où ces revenus sont principalement dépensés dans des secteurs dont la productivité – inférieure ou moins rapidement croissante – vient peser sur les conditions générales de la productivité et donc de la rentabilité. Comme le transfert n'est pas freiné ou compensé en raison d'une relative saturation de la demande adéquate, le salaire cesse en partie d'être un débouché adapté et doit donc être bloqué. L'inégalité de la répartition au profit de couches sociales aisées (au niveau mondial également) représente jusqu'à un certain point une issue à la question de la réalisation du profit.

Mais si l'enlisement du capitalisme dans une phase dépressive résulte d'un écart croissant entre la transformation des besoins sociaux et le mode capitaliste de reconnaissance et de satisfaction de ces besoins, cela signifie alors que le profil particulier de la phase actuelle mobilise, peut-être pour la première fois dans son histoire, les éléments d'une crise systémique du capitalisme. Ce dernier aurait épuisé son caractère progressiste en ce sens que sa reproduction passerait dorénavant par une involution sociale généralisée.

Cette lecture de la crise permet d'éclairer de manière rétroactive la trajectoire de l'économie capitaliste depuis un demi-siècle. Le mouvement de fond est celui qui modifie la demande sociale et la déporte des biens manufacturés auxquels sont associés d'importants gains de productivité vers une demande de services souvent collectifs et peu susceptibles d'être satisfaits sous forme de marchandises comparables à l'automobile. Dans la mesure où

la satisfaction de ces besoins pèserait sur la rentabilité du capital, ils sont traités comme une contrainte et donc satisfaits sur la base la plus étroite possible. Et comme les besoins sociaux émanant d'une bonne partie de l'humanité pauvre entrent dans cette catégorie, on assiste à un gigantesque déni de production à l'échelle mondiale : mieux vaut ne pas produire que produire en dessous de la norme de profit. Un tel processus se déroule évidemment dans le temps long des transformations structurelles et il ne peut être convoqué comme explication du déclenchement de la crise. Mais c'est lui qui sous-tend la grande transition vers un capitalisme qui accumule peu et creuse les inégalités.

On peut en effet faire l'hypothèse que le capitalisme a vu se restreindre – au moins provisoirement – ses possibilités d'ajustement, dans ses diverses dimensions, technologique, sociale et géographique. La technologie d'abord : elle ne permet plus de modeler la satisfaction des besoins sociaux sous l'espèce de marchandises à forte productivité. La réalisation n'est possible qu'à la condition d'une inégalité croissante des revenus et c'est pourquoi, dans sa dimension sociale, le capitalisme est incapable de proposer un « compromis institutionnalisé » acceptable, autrement dit un partage équitable des fruits de la croissance. Il revendique, d'une manière complètement contradictoire avec le discours élaboré durant son « âge d'or », la nécessité de la régression sociale pour soutenir le dynamisme de l'accumulation. Il semble incapable, sans modification profonde des rapports de forces, de revenir de lui-même à un partage plus équilibré de la richesse.

Enfin, du point de vue géographique, le rôle des pays émergents est ambivalent : s'ils représentent pour les pays les plus avancés des débouchés importants venant se substituer à leurs marchés intérieurs et un gisement de main-d'œuvre bon marché, l'effet boomerang de la mondialisation fragilise les centres de profit et d'accumulation des pays du Centre.

Bref, les possibilités de remodelage de ces trois dimensions (technologique, sociale, géographique) susceptibles de fournir le cadre institutionnel d'une nouvelle phase expansive paraissent limitées. Pour paraphraser une formule célèbre, le fordisme a sans doute représenté le « stade suprême du capitalisme », ce qu'il avait de mieux à offrir. Le fait qu'il retire ostensiblement cette offre marque de sa part la revendication d'un véritable droit à la régression sociale.

LE GRAND RENVERSEMENT

D'un point de vue rationnel, l'économie ne devrait être qu'une « technologie sociale [1] » au service de la satisfaction des besoins humains, compte tenu des ressources disponibles. Mais tous les besoins ne sont pas égaux devant le capitalisme et il va donc tout faire pour les modeler en fonction de ses exigences propres. C'est une question qui a été soulevée au lendemain de la récession du milieu des années 1970, qui marquait la fin du « fordisme » par épuisement du rôle moteur de l'automobile. Un certain nombre de théoriciens parient alors sur le développement de nouveaux

1. Pour reprendre l'expression d'Eugène Preobrajenski dans *La Nouvelle Économique*, Paris, EDI, 1966.

besoins qui feraient émerger un « néofordisme [1] ». L'idée, chère à Jacques Attali, était simple : la « marchandisation » de la santé et de l'éducation allait sous-tendre une nouvelle période de croissance [2]. Ce pronostic est sous-tendu par une autre idée, selon laquelle c'est la consommation qui doit s'adapter aux besoins de l'économie et non l'inverse. Elle est très explicitement formulée par Michel Aglietta et Anton Brender : « La ligne directrice pour la rénovation de l'industrie française est la transformation des modes de consommation [...]. C'est pourquoi investir dans la consommation, c'est-à-dire réunir les conditions culturelles permettant cette invention, est le principe essentiel qui relie l'enrichissement de la démocratie et la reprise de l'investissement [3]. »

1. On s'appuie ici sur Julien DELARUE, « Les racines économiques de la barbarie électronique », *in* Jean-Louis WEISSBERG (dir.), *1984 et les présents de l'univers informationnel*, Paris, Éditions du Centre Georges-Pompidou, 1985, http://hussonet.free.fr/jd1984.pdf.

2. Jacques ATTALI, *La Nouvelle Économie française*, Paris, Flammarion, 1978.

3. Michel AGLIETTA et Anton BRENDER, *Les Métamorphoses de la société salariale*, Paris, Calmann-Lévy, 1984, p. 211.

Investir dans la consommation ! Cette formule illustre de manière limpide le grand renversement : ce n'est plus la production qui doit s'orienter en fonction des besoins, c'est très précisément le contraire. Cependant, il est assez vite apparu que cette production de la demande ne pouvait pleinement fonctionner. Robert Boyer et Jacques Mistral constataient qu'on ne voyait pas « l'amorce d'une recomposition significative des dépenses des ménages, ne serait-ce que parce que la pénétration des nouveaux produits tarde à bouleverser les aspects collectifs de la reproduction de la force de travail (santé, éducation) et plus encore à dessiner une nouvelle forme d'organisation spatiale des activités [1] ».

Les transformations de la demande dont on attendait tant ne portaient en effet que sur une masse de valeur relativement faible : à l'époque, un magnétoscope valait environ dix fois moins cher qu'une automobile, et ce prix relatif était appelé à baisser. Il en est allé de même pour tous les produits *high-tech* ultérieurs qui n'ont jamais représenté un volume suffisant pour prendre le relais de l'automobile et tirer l'ensemble de la machine économique. La multiplication de biens innovants n'a pas suffi à constituer un nouveau marché comparable par son volume et ses effets d'entraînement à la filière automobile. Les baisses de prix induites par les gains de productivité n'ont pas suffi : « L'élasticité de la demande de nombreux biens de consommation durables par rapport aux prix s'est relâchée avec le temps, au fur et à mesure que les ménages devenaient plus prospères et, donc, avaient accumulé davantage de ces biens [2]. »

LA FABRIQUE DU CONSOMMATEUR

Le capitalisme est-il capable de façonner les besoins de manière à se créer des débouchés adéquats ? Tout un courant critique répond positivement à cette question : le capitalisme, grâce au marketing et à la publicité, réussirait à obtenir des consommateurs que leur demande se porte sur ses produits. Mais cette critique suppose une malléabilité des besoins et une capacité de manipulation des consommateurs l'une et l'autre sans limite. On

1. Robert BOYER et Jacques MISTRAL, « Le temps présent : la crise », *Annales*, n° 3, 1983, http://gesd.free.fr/boyerm841.pdf.

2. Eileen APPLEBAUM et Ronald SCHETTKAT, « Emploi et productivité dans les pays industriels », *Revue internationale du travail*, vol. 134, n° 4-5, 1995.

peut bien sûr mobiliser de nombreux exemples qui vont dans ce sens, mais cette approche est néanmoins réductrice : il n'est pas vrai que l'on puisse vendre n'importe quoi à n'importe qui, et les réussites commerciales cachent les échecs et les déconvenues. Mais cette présentation est surtout unilatérale : elle fait des consommateurs de purs ectoplasmes totalement aliénés et soumis à tous les caprices de la publicité.

Les choses sont en réalité plus compliquées et il faut distinguer les besoins humains et leur mode de satisfaction. Mais il faut aussitôt souligner que cette distinction présente le risque de conduire à un jugement de valeur consistant à trancher entre les « vrais » et les « faux » besoins suscités par le capitalisme. Le danger est évident : pour faire ainsi le tri, il faut se placer du point de vue d'un juge suprême, imperméable à toute influence marchande et capable de décider ce qui est bon (pour les autres). C'est ce qu'exprime très bien la philosophe hongroise Agnes Heller : « Le théoricien [...] ne peut séparer les besoins réels des besoins "faux", ou "erronés", que s'il *sait* quels sont les besoins "vrais". Le concept de besoin "non réel" étant formulé sur la base du fétichisme et de la manipulation des besoins, la connaissance du théoricien qui se pose en juge ne peut découler que du fait que sa propre conscience n'est pas fétichisée, qu'elle est "la" conscience correcte. Mais d'où le théoricien peut-il détenir une telle certitude ? [...] Il ne lui est pas possible d'affirmer que sa conscience est "correcte", puisque sa conscience est elle aussi un produit de la société. » Bref, « toute division entre vrais et faux besoins, fondée sur la théorie du fétichisme, présuppose que la personne qui juge, qui opère la division, se place au-dessus de la société en question [1] ».

La contrepartie de ce point de vue en surplomb est que les citoyens-consommateurs sont perçus comme de simples marionnettes incapables de se hisser au rang d'êtres rationnels, manipulables et manipulés, que l'on ne peut sauver que par une prise de conscience venue d'en haut. En voici un exemple, où Nicolas Baverez reprenait à propos des 35 heures l'argumentation classique des moralistes patronaux du XIXe siècle contre la réduction de la durée du travail : « Quant au temps libre, c'est le versant catastrophe sociale. Car autant il est apprécié pour aller dans le Luberon, autant, pour les couches les plus modestes, le temps libre, c'est l'alcoolisme, le développement de la violence, la délinquance, des faits malheureusement prouvés par des études [2]. » Voilà pour la version de droite. Mais, à gauche aussi, certains se posaient la question de savoir si le temps libéré par les 35 heures serait bien utilisé. Et s'il était employé à consommer encore plus ? À cette question, il était possible de répondre par une boutade, en réclamant le droit à utiliser son temps libre de la manière la plus désolante qui soit, par exemple en ingurgitant des séries télévisées [3].

Ces exemples outrés montrent que la critique de la vie quotidienne doit adopter un point de vue matérialiste qui consiste au fond à faire un peu confiance à l'espèce humaine et à dire que

1. Agnès HELLER, « Les "vrais" et les "faux" besoins », *Mouvements*, n° 54, 2008, http://gesd.free.fr/aheller.pdf. Du même auteur : *La Théorie des besoins chez Marx*, Paris, 10/18, 1978.

2. Nicolas BAVEREZ, « 35 heures : une catastrophe économique et sociale », *20 Minutes*, 7 octobre 2003, http://gesd.free.fr/baverez20.pdf.

3. Christian BARSOC, « Week end », *Rouge*, n° 1630, 23 mars 1995, http://hussonet.free.fr/weekend.pdf.

c'est sur la base des conditions d'existence (en l'occurrence, l'emploi du temps) que peuvent s'établir de nouveaux rapports à l'activité, à la vie dans la cité, au partage des tâches ménagères, à l'éducation des enfants, etc. « L'existence détermine la conscience », disait Marx, et on peut avancer que c'est l'emploi du temps qui détermine la vision du monde : « L'emploi du temps est la réelle infrastructure de la personnalité développée [1]. »

Il ne sert à rien de prêcher par exemple que « nous devons consommer moins », il s'agit de créer les bases matérielles qui permettent d'effectuer d'autres choix, à la fois dans les conditions de vie et dans la maîtrise des grands choix sociaux. Cela revient à adopter une démarche matérialiste fondée sur trois idées essentielles.

1. Lucien Sève, *Marxisme et théorie de la personnalité*, Paris, Éditions sociales, 1969, p. 410.

La première est qu'il faut distinguer plusieurs niveaux de besoins et commencer par le repérage des besoins fondamentaux de l'espèce humaine. Certains vont de soi, par exemple le besoin de se nourrir, de se vêtir et de se loger. D'autres renvoient à des déterminations moins matérielles mais tout aussi objectives, comme le besoin de réaliser toutes ses potentialités individuelles, de trouver sa place dans la société de ses semblables, de se construire une image digne de soi-même, etc. On pourrait énumérer ces besoins, au risque de produire une liste trop codifiée.

Ce qui est plus intéressant, et c'est la deuxième idée, c'est que ces besoins généraux s'expriment de manière différente selon la place que chacun occupe dans la société et selon le niveau de développement de cette société. Autrement dit, le mode d'expression des besoins est historiquement et socialement déterminé. S'il est interdit de distribuer des bons points, il est en revanche essentiel de bien comprendre cette différence entre besoins et mode d'expression des besoins, ainsi que la hiérarchie socialement instituée entre les différentes catégories de besoins.

Enfin, troisième idée qui nous ramène au capitalisme, il faut introduire la notion de mode de satisfaction des besoins. La logique profonde du capitalisme consiste à privilégier un mode de satisfaction marchand. À tel besoin doit correspondre telle marchandise, et tout besoin doit pouvoir être satisfait par la consommation ou l'usage d'une marchandise adéquate. Et la marchandise en question n'est pas forcément un bien physique, mais peut prendre la forme d'un achat de service, d'un service marchand en l'occurrence. On accède alors à une critique des besoins qui ne relève pas du jugement, mais de l'analyse. Il est possible en premier lieu de souligner à quel point cette prétention du capitalisme limite *a priori* le champ des possibles quant à la satisfaction des besoins. Elle exclut (ou cherche à limiter) tout ce qui relève du temps libre et de la gratuité, comme tout ce qui échappe à la marchandisation.

Contrairement à l'image de consommateurs robotisés et malléables, cette recherche d'un monopole des satisfactions marchandes engendre des tensions qui traversent toute l'histoire des sociétés capitalistes. La lutte sociale à peu près permanente pour la réduction du temps de travail en témoigne, et il faut se rappeler que le mouvement ouvrier s'est construit au moins autant

autour de cette aspiration que sur la seule défense des salaires. Plus près de nous, la volonté du capitalisme de faire reculer le domaine de la satisfaction non marchande des besoins illustre bien ce conflit. En matière de santé ou de retraites, par exemple, tous les programmes néolibéraux n'ont qu'un seul objectif : réintroduire la marchandise (cliniques et assurances privées ou fonds de pension) là où la solidarité et le non-marchand l'avaient fait reculer.

Les besoins, leur mode d'expression et leur possibilité de satisfaction sont modelés par les conditions d'existence. Telle est la thèse essentielle, qui découle de ce qui précède. Pour ne prendre qu'un exemple, l'organisation du territoire en lieux de travail et lieux de résidence va conduire à faire « monter » certains besoins dans la hiérarchie des besoins et induire les modalités de leur satisfaction. Les choix individuels en matière de transport et de logement sont très étroitement conditionnés par cette organisation de l'espace. Selon qu'un ménage ou un individu réside dans une grande ville ou une ville moyenne, la structure de son budget sera complètement différente.

Le mode de consommation peut aussi être considéré comme un mode de compensation de besoins insatisfaits. Pour être plus concret, on peut prendre un exemple tiré de la psychologie de l'enfant. La notion de besoin y tient une grande place, dans la mesure où c'est en répondant aux besoins de l'enfant que l'on peut assurer son plein épanouissement individuel. L'un de ces besoins, que tous les praticiens ont eu l'occasion d'observer, est le besoin d'activité physique du jeune enfant : ramper, courir, grimper, etc. Or ce besoin se heurte aux conditions matérielles d'existence des enfants quand ils vivent dans des logements exigus et ne disposent pas de structures et d'espaces de jeu. Pour compenser ce manque, on va avoir recours à des succédanés, par exemple la télévision, qui se substitue aux activités rendues impossibles dans un cadre de vie contemporain. En 2008, les enfants de quatre à quatorze ans ont passé un peu plus de deux heures par jour devant la télévision [1] et c'est plus que le temps que leur consacrent leurs parents [2]. Mais si, au retour de l'école, les enfants disposaient de véritables terrains d'aventures et de lieux d'activité, il y a fort à parier qu'ils y passeraient beaucoup plus de temps que devant le téléviseur. Il s'agit là d'un exemple d'un phénomène plus général : bien des consommations ou des pratiques que l'on peut critiquer et juger absurdes – on est en droit de le faire à titre individuel – sont des substituts à d'autres aspirations et sont produites par les conditions matérielles d'existence.

Revenons aux besoins de l'enfant. On pourrait en dresser une liste abstraite, où figurent notamment le besoin d'espace ainsi que le besoin que l'on peut qualifier d'expérimentation. Ces besoins ne sont pas parmi les plus élémentaires : après tout, on peut vivre dans très peu d'espace, on peut aussi se passer de jeux et d'activités manuelles (certains s'y habituent d'ailleurs en grandissant). Simplement, on vivra moins bien et un certain nombre de potentialités physiques et intellectuelles resteront peu développées.

1. CSA, « Nos enfants et la télévision », http://tinyurl.com/enfantv.

2. Élisabeth Algava, « Quel temps pour les activités parentales ? », *Études et Résultats*, n° 162, mars 2002, http://gesd.free.fr/drees162.pdf.

La bonne question n'est donc pas tant de classer les besoins par ordre d'importance, mais de se demander ce qui détermine leur degré de satisfaction relative. L'espace étant non reproductible et son appropriation privée permettant de détourner d'importants flux de revenus, son offre est donc limitée. Les jeux vidéo, au contraire, répondent parfaitement aux canons capitalistes et leur offre sera donc surabondante. D'une certaine manière, d'ailleurs, ils fonctionnent comme substituts au manque d'espace en occupant les enfants des villes : la boucle est bouclée. On peut certes proclamer que le besoin d'espace est sain, naturel, essentiel et vrai, tandis que le besoin de jeux vidéo est fabriqué, néfaste et faux. C'est peut-être le cas, mais là n'est pas la question. Ce qui est en cause ici ne relève pas immédiatement d'une appréciation subjective ; le fait essentiel est le suivant : dans la logique d'une société marchande capitaliste, le besoin d'espace a une chance très faible d'être pris en considération parce que, même s'il correspond vraisemblablement à une demande très forte, celle-ci ne peut s'exprimer dans des formes recevables. La limite séparant les besoins conformes à la norme de rentabilité et les autres est certes mobile, et on a vu que c'est sur son déplacement que pariaient les tenants du néofordisme. Mais sa loi d'évolution n'est pas maîtrisée socialement : elle est réglée par les exigences de l'accumulation privée. L'alternative n'est donc pas de faire le tri entre le bon grain et l'ivraie, entre les « vrais » et « faux » besoins, mais de donner aux aspirations le moyen de s'exprimer, de se concrétiser dans des choix sociaux et de définir des priorités. Cela passe par la délibération démocratique.

LE MARCHÉ CONTRE LA DÉMOCRATIE

L'objection majeure consiste évidemment à dire que la démocratie existe déjà : les citoyens élisent un président et des députés qui désignent un gouvernement dont les décisions reflètent en fin de compte les choix exprimés, même si c'est de manière indirecte. En tant que consommateurs, ils disposent de la liberté de dépenser leur argent comme ils le veulent, et c'est un argument majeur en faveur du capitalisme. Mais ces décisions ne couvrent qu'une partie des choix que la société doit opérer, et cela en raison, fondamentalement, de la propriété privée des moyens de production. La représentation démocratique n'a que peu de prise sur la manière dont les entreprises utilisent leur profit : dans quel secteur va se faire l'investissement, quelle est la part qui va revenir aux actionnaires ? Ce sont donc des agents privés qui vont se substituer à une décision collective pour arbitrer entre les différentes priorités de la société. Celle-ci s'en remet aux forces et aux arguments du marché pour décider de l'orientation de l'activité économique et, en fin de compte, de la trajectoire de la société. Ce mécanisme doit donc s'analyser d'un point de vue dynamique. La répartition des revenus et le degré d'inégalité contribuent évidemment à modeler la société. Mais la manière dont va être utilisé le surplus social est encore plus déterminante en ce qui concerne la dynamique sociale. La démocratie capitaliste est par essence une démocratie tronquée, dans la mesure où la société confie à des intérêts privés la fonction de sélection entre les différents besoins sociaux.

La souveraineté du consommateur est dans ces conditions réduite à peu de chose. Elle ne s'exerce, à un moment donné, que

dans les limites de l'offre existante. Les consommateurs n'ont pas de prise sur les décisions qui vont modeler l'évolution de cette offre : si l'on demandait leur avis aux citoyens, il est vraisemblable qu'ils préféreraient par exemple qu'on « mette le paquet » sur la santé plutôt que de voir se multiplier les succursales des banques et leurs sièges sociaux luxueux.

Les choix qui conditionnent les conditions d'existence et les modes de satisfaction des besoins échappent ainsi à une véritable délibération démocratique dont Agnes Heller résume ainsi la logique d'ensemble : « Il s'agit de créer une structure dans laquelle les forces sociales qui représentent des besoins tout aussi réels les uns que les autres décident au cours d'un débat démocratique, et sur la base du consensus, quels besoins doivent être satisfaits les premiers [1]. »

1. Agnès HELLER, « Les "vrais" et les "faux" besoins », art. cit.

Ce principe général a connu un début d'application pratique avec la procédure de « budget participatif » instituée à Porto Alegre il y a quelques années [1]. Il s'agissait d'un exercice contraint en raison de l'impossibilité à peu près totale pour la municipalité de lever de nouveaux impôts. Le budget étant donné, il faut choisir entre différents projets, puisqu'on ne pourra pas réaliser la même année l'adduction d'eau dans un quartier et l'éclairage public dans un autre. Il faut donc, et c'est tout l'art de la démocratie, construire un processus de choix collectif. Et c'est en cela que l'expérience de Porto Alegre est exemplaire : parce qu'elle a progressivement instauré une série de règles visant à éviter les risques d'une telle démarche, à savoir le clientélisme d'élus non révocables et l'émergence d'un « égoïsme de quartier » rendant impossible la formation d'un consensus. Concrètement, la procédure consistait, pour chaque quartier, à présenter les projets classés par ordre de préférence, puis à décider de l'affectation du budget et donc du calendrier de réalisation des projets dans une logique pluriannuelle.

Cette expérience, malheureusement révolue, était d'autant plus passionnante qu'elle apportait une réponse concrète à des problèmes théoriques, et notamment au « théorème d'impossibilité » d'Arrow [2]. La question posée de manière très abstraite est la suivante. Soit plusieurs « états sociaux » possibles ; chaque individu exprime ses préférences individuelles sous forme d'un classement : est-il possible d'en déduire une fonction d'utilité sociale, autrement dit un classement collectif ? La réponse d'Arrow est négative. Il part de l'exemple suivant :

– l'individu 1 préfère A à B et B à C, et son classement est donc A > B > C ;

– l'individu 2 choisit B > C > A ;

– l'individu 3 choisit C > A > B.

Il y a une majorité (composée des individus 1 et 3) qui préfère A à B et une autre (individus 1 et 2) pour préférer B à C. On devrait donc en inférer que la majorité préfère A à C. Mais c'est faux, puisqu'il y a aussi une majorité, composée cette fois des

1. Voir Martine Hassoun, *Porto Alegre, voyage en alternative*, Paris, Syllepse, 2001.

2. Kenneth J. Arrow, « A difficulty in the concept of social welfare », *The Journal of Political Economy*, vol. 58, n° 4, 1950, http://gesd.free.fr/arrow50.pdf.

LE BUDGET DE LA VILLE ÉTANT RÉDUIT, IL VA FALLOIR CHOISIR CE QU'ON FAIT DE NOTRE FIOUL...
ON SE CHAUFFE PENDANT 2 JOURS OU ON S'IMMOLE PAR LE FEU...

individus 2 et 3, qui préfère C à B. Arrow généralise cet exemple en introduisant plusieurs conditions, et notamment l'absence de choix imposés. Son théorème établit alors qu'aucune fonction de bien-être collectif ne peut satisfaire ces conditions, qui sont pourtant raisonnables et par ailleurs cohérentes avec la vision d'une société composée d'individus. La seule voie de sortie est de renoncer à l'une ou l'autre des deux dernières conditions : soit un individu impose ses choix, soit l'éventail des choix possibles est réduit.

L'intérêt de cette discussion est en premier lieu de souligner la stérilité formaliste de certains développements théoriques. Mais elle va plus loin : pour les défenseurs les plus orthodoxes du marché, le théorème, ou paradoxe, énoncé par Arrow montre que le choix collectif, c'est-à-dire au fond la démocratie économique, est hors d'atteinte. Les choix de société sont au fond impossibles. La seule issue est de s'en remettre au marché et, par exemple, de privatiser les régies municipales chargées de l'eau et de l'éclairage (pour faire encore une fois référence à Porto Alegre) de manière à laisser à chaque individu le soin de décider s'il est prêt ou non à payer pour les services en question. La mise en théorème des obstacles à tout choix collectif sera donc invoquée pour justifier un mode de satisfaction individuel et marchand des besoins sociaux.

LES VERTUS DE LA DÉMOCRATIE SOCIALE

On peut trouver dans l'expérience du budget participatif une mise en œuvre concrète d'une autre logique, que l'on peut qualifier de socialiste. L'objectif est bien de maximiser le bien-être, autrement dit les valeurs d'usage, sous contrainte budgétaire. Les notes ou le classement que chaque quartier attribue à ses différents projets sont en effet la traduction pratique de la notion de valeur d'usage ou d'intensité relative des besoins. Les valeurs d'échange interviennent comme contraintes (le budget est donné, ainsi que le coût de chaque projet) et non comme l'objectif à maximiser. Un débat très intense a eu lieu au tournant du XXe siècle entre néoclassiques et marxistes pour savoir si ce « programme » conduit au même résultat que le programme capitaliste, ou plutôt si la planification pouvait, aussi bien que le marché, conduire au fameux équilibre [1]. On avait conclu, en résumant beaucoup, à une possible équivalence. En réalité, les deux programmes sont très différents.

Prenons l'exemple d'une société qui, à un moment donné, produit trois types de biens : des aliments, des maisons et des téléviseurs. On peut classer de deux manières ces différents biens. Selon leur profitabilité, ou plus exactement selon la dynamique probable de cette profitabilité : en vertu de ce critère, qui renvoie en grande partie aux gains de productivité possibles, ce sont les téléviseurs qui vont être privilégiés et c'est à cette branche que toute la machinerie sociale capitaliste va chercher à donner la priorité. Cela ne signifie pas que les entrepreneurs vont créer des besoins *ex nihilo* : encore faut-il, comme on l'a vu, que les consommateurs aient envie d'acheter des téléviseurs qui, d'une certaine manière, répondent donc à un besoin, qui n'est pas forcément le plus urgent. Le capital va s'investir plutôt dans l'industrie des téléviseurs, et c'est là que les progrès de productivité vont se réaliser le plus rapidement. Le prix relatif des téléviseurs va baisser, les mettant à la portée du plus grand nombre, et ce mouvement de prix va renforcer le caractère « prioritaire » de cette branche. Dans le même temps, le prix du logement va avoir tendance à augmenter en termes relatifs et ce sera donc, pour le plus grand nombre, un besoin moins bien satisfait. Et la boucle se boucle d'ailleurs quand l'inaccessibilité relative d'un meilleur logement suscite le besoin compensateur de télévision !

Encore une fois, il n'y a pas de jugement de valeur dans cette description, qui opposerait besoins nobles et besoins inférieurs. Le constat essentiel, et suffisant, est que le capitalisme décide des ordres de priorité et sélectionne à partir de ses propres critères les besoins qu'il entend satisfaire. Que l'on applique cette grille de lecture à la réalité capitaliste, et l'on vérifiera aisément que la société dans son ensemble ne consacre pas le même effort à tous les besoins. La succursale de banque ou l'école maternelle sont deux manières d'allouer la richesse sociale, et force est de constater que le choix ne relève pas du « citoyen-consommateur ». On peut penser par ailleurs qu'il préférerait sans doute un

1. Voir Thomas Coutrot, « Socialisme, marchés, autogestion : un état du débat », séminaire Matisse « Hétérodoxies », octobre 2002, http://gesd.free.fr/tcsoz.pdf.

décor plus simple pour son coffre (s'il en a un...) et un environnement plus stimulant pour ses enfants, mais la question pour l'instant n'est pas là : ce qui importe, c'est qu'il n'existe pas de moyen d'émettre un quelconque avis sur ce type de choix.

Certes, de nombreux besoins, généralement collectifs, échappent plus ou moins à la logique de la rentabilité. En ce sens, il y a du plan dans l'économie de marché : le capitalisme est tempéré, mais il n'en reste pas moins que c'est la logique de la rentabilité qui imprime sa marque à la dynamique de l'accumulation. On parle de réduire les dépenses de santé, pas les achats de voitures. Il y a aussi du plan dans les grandes entreprises, mais il s'agit de plans individuels, qui s'opposent à ceux des concurrents. La rationalité qui s'en dégage existe, mais sa portée est restreinte : la production est planifiée à l'intérieur des grands groupes, mais cela ne peut les soustraire aux aléas qui découlent de la concurrence entre capitaux.

LE SOCIALISME OU LA LOGIQUE DES BESOINS

Dans une société rationnelle, le besoin ne serait plus seulement une condition vide de contenu garantissant la réalisation de la valeur : l'intensité du besoin définit une hiérarchie conforme aux priorités de la société. Dans le capitalisme, au contraire, l'objectif est la maximisation du profit, et la proportion dans laquelle sont offerts les différents biens est un sous-produit, et non une contrainte, du processus de maximisation. L'économiste russe Kantorovitch a bien exprimé cette logique en termes mathématiques. Le fonctionnement de la société socialiste est ainsi formalisé : il faut produire, compte tenu des ressources disponibles, la plus grande quantité d'un assortiment de marchandises selon des proportions qui sont fixées directement par la société et qui expriment ses préférences. Le principe de « rentabilité » ne disparaît pas, mais son rôle est subordonné : « Dans la société socialiste, une grande rentabilité ne doit pas constituer un but en elle-même (comme dans le capitalisme), mais un moyen d'atteindre le meilleur résultat ou le minimum de dépenses, pour l'ensemble de la société. En conséquence, les applications de ce principe [le] subordonneront aux exigences de la meilleure réalisation des objectifs du plan général [1]. »

La différence essentielle entre capitalisme et socialisme réside donc dans le mode d'allocation des ressources, et principalement l'affectation du surplus. Ce n'est pas seulement les modalités du calcul économique qui changent, mais sa fonction même. Sous le capitalisme, c'est l'exigence de maximisation du profit qui détermine vers quels secteurs l'économie va porter l'effort d'investissement : les priorités du développement social sont des contraintes pour ce calcul économique. Le socialisme se définit au contraire comme la maîtrise exercée par l'ensemble de la société sur ses propres priorités, auxquelles le calcul économique est désormais subordonné.

La raison pour laquelle l'économie joue un rôle démesuré dans le système capitaliste est qu'elle ne se borne pas à sélectionner les moyens, mais contribue centralement à révéler, à sélectionner et calibrer les fins, alors que le socialisme correspondrait à un rétrécissement de la sphère de l'économique,

1. Leonid KANTOROVITCH, *Calcul économique et utilisation des ressources*, Paris, Dunod, 1963, p. 20.

rigoureusement cantonnée à une fonction d'ajustement des moyens à des fins déterminées ailleurs. Preobrajenski avait particulièrement insisté sur ce basculement lorsqu'il expliquait : « Avec la disparition de la loi de la valeur dans le domaine de la réalité économique disparaît également la vieille économie politique. Une nouvelle science occupe maintenant sa place, la science de la prévision de la nécessité économique en économie organisée, la science qui vise à obtenir ce qui est nécessaire de la manière la plus rationnelle. C'est une science tout autre, c'est la technologie sociale, la science de la production organisée, du travail organisé, la science d'un système de rapports de production où les régulations de la vie économique se manifestent sous de nouvelles formes, où il n'y a plus objectivation des relations humaines, où le fétichisme de la marchandise disparaît avec la marchandise [1]. »

1. Eugène Preobrajenski, *La Nouvelle Économique*, *op. cit.*, p. 98.

L'idée d'une gestion de l'économie prenant la satisfaction maximale des besoins sociaux comme critère d'efficacité était déjà présente chez les classiques du marxisme, notamment dans un bref passage de l'*Anti-Dühring* où Engels esquisse une théorie de l'économie socialiste : « Certes, la société sera obligée de savoir même alors combien de travail il faut pour produire chaque objet d'usage. Elle aura à dresser le plan de production d'après les moyens de production, dont font tout spécialement partie les forces de travail. Ce sont, en fin de compte, les effets utiles des divers objets d'usage, pesés entre eux et par rapport aux quantités de travail nécessaires à leur production, qui détermineront le plan. Les gens régleront tout très simplement sans intervention de la fameuse valeur [1]. »

La présentation de Kantorovitch a l'intérêt de bien mettre en valeur la dissociation que suppose le mode de fonctionnement de l'économie socialiste. Ses objectifs sont déterminés en quelque sorte extra-économiquement, par opposition aux lois du marché capitaliste qui, en même temps qu'elles en assurent la régulation, modèlent ses propres fins, selon un processus qui n'est pas socialement maîtrisé. La possibilité même de cette dissociation repose sur ce que l'on pourrait appeler l'hypothèse de la démocratie socialiste : pour fonctionner selon cette logique supérieure, la société doit s'être dotée des moyens d'objectiver ses propres choix collectifs à travers un plan démocratiquement établi, faute de quoi le calcul économique va en somme fonctionner sur des données fausses. Sans même parler de la dictature bureaucratique, l'échec économique des pays de l'Est renvoie fondamentalement au fait que l'on y a supprimé ce qui permet au capitalisme de fonctionner, sans mettre en place ce qui est la condition nécessaire d'existence du socialisme, à savoir la démocratie sociale [2].

Alors qu'on réduit souvent la distinction entre capitalisme et socialisme à une opposition entre marché et plan, le binôme pertinent serait plutôt appropriation privée d'un côté, démocratie sociale de l'autre. C'est la grande leçon de l'expérience stalinienne :

1. Friedrich ENGELS, *Anti-Dühring* [1878], Paris, Éditions sociales, 1963, p. 349, http://gesd.free.fr/antiduhr.pdf.

2. Catherine SAMARY, *Plan, marché et démocratie. L'expérience des pays dits socialistes*, Amsterdam, IIRF, « Cahiers d'études et de recherche », 1988. Sur un mode moins théorique, Francis SPUFFORD décrit dans *Red Plenty* (Londres, Faber & Faber, 2010) comment les structures bureaucratiques ont empêché les constructions théoriques de Kantorovitch – l'un des personnages de ce roman – de devenir réalité.

la planification sans démocratie sociale débouche sur la bureaucratisation et l'inefficacité. Ce qui s'est passé à l'Est montre que la fonction d'allocation du surplus, qui avait été retirée aux capitalistes privés, était en réalité exercée par une mince couche sociale autoproclamée organe d'expression des besoins sociaux. On avait certes supprimé le marché des investissements, mais sans le remplacer par quoi que ce soit d'autre. Le garde-fou essentiel du capitalisme, selon lequel il faut vendre ce que l'on produit, avait été retiré, rendant possible une dérive de plus en plus incontrôlée.

Le problème de l'efficacité d'une économie socialiste n'est donc pas technico-économique, mais éminemment et directement politique. Les priorités que se donne la société y sont déterminées de manière extra-économique et s'imposent comme objectifs aux lois de la technique économique, alors qu'au contraire les fins sociales du capitalisme n'apparaissent qu'après coup, comme sous-produit des transactions marchandes. La démocratie est donc la condition même de fonctionnement d'une telle organisation sociale, et cette conception conduit à poser autrement l'articulation entre plan et marché.

La planification n'implique pas la suppression du marché comme instrument de régulation. Car ce n'est pas le marché en soi qui impose la logique de rentabilité, mais essentiellement le fait que ce sont des personnes privées ou en tout cas des catégories sociales étroites qui décident de l'investissement, en fonction de stratégies de capitaux individuels. Une fonction éminemment sociale, celle de savoir vers quelles priorités la société tourne ses efforts, est ainsi exercée par des entités privées, et cela de manière de plus en plus concentrée. C'est pourquoi la planification apparaît essentiellement comme le moyen de socialiser l'investissement, pour reprendre l'expression fameuse de Keynes. Si l'on imagine que se mette en place un système d'institutions démocratiques d'expression et de définition des besoins, quelles pourraient être les modalités de fonctionnement de la planification ? Le premier principe serait à coup sûr de ne pas supprimer le marché, si par marché on entend les magasins de biens de consommation. La régulation par les prix est encore le moyen le plus simple pour réaliser l'affectation du revenu non socialisé et moduler l'ajustement entre offre et demande. Mais – et c'est là qu'on retrouve cette distinction fondamentale entre équilibre et dynamique – il en va tout autrement des biens d'investissement. L'acte d'investissement est l'exercice d'un pouvoir de décision sur la direction prise par une économie en évolution. Il ne doit donc pas exister d'exercice individualisé de cette fonction stratégique. Aucune personne ou aucun groupe de personnes, parce qu'ils possèdent une entreprise et que celle-ci a fait des profits, ne devraient pouvoir investir sans considération pour les priorités sociales essentielles. Le marché est un piètre succédané de démocratie.

Les conférences de citoyens sont une expérience passionnante du point de vue de la prise de décision collective. Le principe consiste à réunir un groupe de citoyens qui ne sont pas eux-mêmes des experts, mais qui ont à leur disposition des spécialistes qui les initient au domaine. Après ces premiers échanges, le groupe de citoyens interpelle de nouveaux experts ou décideurs qu'ils ont eux-mêmes choisis, puis délibèrent et élaborent leurs recommandations.

Comme l'explique Jacques Testart, qui s'est fait le promoteur enthousiaste de ces expériences, « là se construit un intellectuel collectif et transitoire, hors des pressions des partisans et des lobbies, comme un modèle réduit de la démocratie qui pourrait advenir si tous les êtres humains étaient enfin accessibles à la connaissance, et éduqués à l'altérité. Cette alchimie n'est bien sûr réalisable qu'en respectant scrupuleusement un protocole convenu, où dominent la qualité et l'objectivité des informations fournies, la protection intellectuelle du groupe, et des conditions matérielles favorables à son épanouissement [1] ».

1. Jacques TESTART, « Citizen loft : l'humanité existe », *Libération*, 29 mars 2002.

Ces expériences donnent quelques indications très précieuses sur la démocratie participative comme moyen de se réapproprier les débats d'experts et de faire abstraction des groupes de pression. Il ne s'agit pas d'un substitut à la démocratie parlementaire, ni d'une instance de décision qui puisse accomplir en quelques jours un long et complexe travail de délibération de la société sur ses proches choix. Mais on voit l'importance décisive des règles institutionnelles et du processus d'échanges et de confrontation. Il en ressort presque naturellement des orientations favorables aux solutions non marchandes ou à la mise en place de biens publics, par exemple un projet de fonds mondial d'indemnisation des catastrophes naturelles ou l'idée que « le contrôle de l'ONU sur le FMI, la Banque mondiale et l'OMC soit renforcé ».

Tout cela conduit Jacques Testart à cette conclusion optimiste : « En tout cas, ce que proposent les citoyens, libérés des marchands d'illusions et placés en situation de responsabilité, c'est la solidarité plutôt que la compétitivité, la communauté de l'espèce humaine plutôt que le chauvinisme, le développement durable plutôt que le productivisme. Une telle démonstration qu'un potentiel véritablement humain demeure caché dans les médiocrités quotidiennes, celles qui font les séductions électorales, est une des rares occasions sérieuses de croire qu'un autre monde est possible. »

Bibliographie choisie

ATTAC, *Le Capitalisme contre les individus*, Paris, Textuel, 2010.

COUTROT Thomas, *Démocratie contre capitalisme*, Paris, La Dispute, 2005.

GÉNÉREUX Jacques, *L'Autre Société*, Paris, Seuil, « Points Essais », 2011.

5. QU'EST-CE QUI N'EST PAS UNE MARCHANDISE ?

« Permettre au mécanisme du marché de diriger seul le sort des êtres humains et de leur milieu naturel, et même, en fait, du montant et de l'utilisation du pouvoir d'achat, cela aurait pour résultat de détruire la société. »

Karl POLANYI,
La Grande Transformation, 1944.

Pour le capitalisme, tout peut (et doit) devenir marchandise ou le redevenir. Sa prétention à garantir et diffuser le progrès social est donc très discutable. On pourrait soutenir au contraire que tout progrès social est passé par des processus de démarchandisation, forcément imposés au capitalisme car ils vont à l'encontre de sa logique profonde. Le tournant vers le capitalisme néolibéral est aussi un tournant vers la remarchandisation de toute chose. Il y a là une dimension importante d'extension et d'approfondissement du capitalisme : non content de gagner l'ensemble de la planète par un mouvement extensif, il vise à intensifier le processus de marchandisation. Pour s'en rendre compte, il faut prendre un peu de recul afin de mesurer l'ampleur de ce mouvement. L'eau, la connaissance, le génome humain, les ressources naturelles, les services publics, l'environnement, les retraites, la santé, l'école et le travail humain lui-même : la liste est longue et aucun domaine de notre vie sur terre n'est à l'abri.

TOUT EST MARCHANDISE®
PAUVRE CON®

LA MARCHANDISATION DU TRAVAIL

On a parfois reproché à Marx de faire du travail une marchandise comme les autres. Mais comment ne pas voir que c'est l'objectif de toutes les politiques d'emploi d'inspiration néolibérale ? Les effets sociaux de la précarisation et de la flexibilité ont été largement décrits [1] et il est peut-être plus intéressant de montrer quels sont les grands principes qui sous-tendent les réformes structurelles du marché du travail.

Premier principe : l'offre et la demande de travail doivent pouvoir s'ajuster, comme sur n'importe quel marché (par exemple, celui de la pomme de terre) par une variation du prix. Le chômage est le sous-produit de rigidités excessives qui font obstacle à cet ajustement. Les réformes du marché du travail visent à réduire ces rigidités en introduisant plus de flexibilité dans la formation des salaires, en rendant plus faciles et moins coûteux les licenciements. Mais elles se proposent aussi, selon la formule rituelle, d'« activer les dépenses pour l'emploi », autrement dit de réduire les prestations allouées aux chômeurs, de manière à les « inciter » à accepter n'importe quel emploi.

La flexibilité pourrait très bien être définie comme la suppression de tous les dispositifs qui font que, justement, la force de travail n'est pas une marchandise comme les autres. Mais, pour les libéraux, le travail est bien une marchandise, et une marchandise qui a tendance à être toujours trop chère. Pour eux, il ne saurait y avoir d'autre théorie du chômage que celle qui impute le chômage à l'impossible ajustement de l'offre à la demande. Sur ce socle peuvent ensuite s'élever les constructions les plus sophistiquées et les plus alambiquées, que Laurent Cordonnier a disséquées avec une verve précise [2], mais l'essentiel de l'analyse et des recommandations reste d'un bloc.

Dans les savants colloques consacrés à l'économétrie du chômage, la plupart des contributions partent du postulat selon lequel une trop grande « générosité » à l'égard des chômeurs est source de chômage. Voilà encore un bon exemple de la récurrence des débats économiques et sociaux. On dirait en effet du

1. Voir par exemple IRES, *La France du travail*, Paris, Éditions de L'Atelier, 2009, http://gesd.free.fr/fratravo.pdf.

2. Laurent CORDONNIER, *Pas de pitié pour les gueux. Sur les théories économiques du chômage*, Paris, Raisons d'agir, 2000.

SOYEZ FLEXIBLE!
VOUS VOUS REMETTREZ DU CHOC DU LICENCIEMENT!
VOUS ALLEZ REBONDIR!

Malthus qui écrivait qu'« en définitive les lois sur les pauvres peuvent être considérées comme affaiblissant à la fois le goût et la faculté de s'élever chez les gens du commun ; elles affaiblissent ainsi un des plus puissants motifs de travail et de sobriété, et par suite de bonheur [1] ».

Second principe : le salarié ne doit être payé que quand il produit. Or le progrès social s'est traduit par une déconnexion croissante entre le revenu et l'acte de travail. Un salarié perçoit un revenu durant ses congés, quand il est malade ou victime d'un accident de travail, s'il perd son emploi et enfin après son départ à la retraite. De plus, la législation impose des limites à la durée du travail. Si l'on reprend point par point ces acquis, on voit se dérouler toute l'histoire des luttes sociales. Celles-ci ne se sont jamais limitées au salaire, et elles ont très tôt porté aussi sur la durée du travail. Mais cette liste est aussi celle des cibles du patronat dont la ligne générale est de réduire les « faux frais » provenant de ces obligations qui sont à ses yeux autant de « charges indues ». L'un de ses représentants, Denis Kessler, ancien vice-président du Medef et aujourd'hui président du groupe de réassurance Scor, a explicitement livré sa feuille de route : « La liste des réformes ? C'est simple, prenez tout ce qui a été mis en place entre 1944 et 1952, sans exception. Elle est là. Il s'agit aujourd'hui de sortir de 1945, et de défaire méthodiquement le programme du Conseil national de la Résistance [2] ! »

C'est donc en particulier la Sécurité sociale qui est dans la ligne de mire. Et c'est au nom du risque que le patronat se dresse depuis longtemps contre cette sécurité. Il y a une dizaine d'années, François Ewald et Denis Kessler en faisaient déjà l'éloge : « Le risque, c'est tout à la fois une morale, une épistémologie, une idéologie, en fait une manière de définir la valeur des valeurs [3] » ; le président du Medef de l'époque divisait la société française entre « riscophiles » et « riscophobes » et vilipendait le besoin de sécurité : « Quand on ne peut plus combattre l'entreprise au nom du profit et de l'exploitation, on utilise le risque, la

1. Thomas-Robert Malthus, *Essai sur le principe de population* [1798], Paris, Gonthier, 1963, p. 118, http://gesd.free.fr/maltupop.pdf.

2. Denis Kessler, « Adieu 1945, raccrochons notre pays au monde ! », *Challenges*, 4 octobre 2007, http://gesd.free.fr/kessler7.pdf.

3. François Ewald et Denis Kessler, « Les noces du risque et de la politique », *Le Débat*, n° 109, mars-avril 2000.

protection de la santé et l'environnement[1]. » Kessler étendait logiquement cette défiance au « risque de chômage dont on ne peut plus considérer qu'il soit indépendant du comportement des individus[2] ». L'actuelle présidente du Medef, Laurence Parisot, se situe dans la droite ligne de cette orientation, comme en fait foi ce florilège : « La liberté d'entreprendre s'arrête là où commence le code du travail » (janvier 2005) ; « La vie, la santé, l'amour sont précaires. Pourquoi le travail échapperait-il à cette loi ? » (août 2005) ; « La précarité est une loi de la condition humaine » (septembre 2005) ; « C'est là que je me demande s'il ne faut pas accepter de mettre sur la table la question de la suppression de la durée légale du travail » (novembre 2007).

Cette nouvelle théorisation rompt avec la tradition consistant à faire du risque la prérogative de l'entrepreneur et la justification du profit. Certaines des variantes de la théorie dominante – en réalité très impressionniste sur cette question pourtant centrale[3] – font explicitement du profit la rémunération du risque. Le travailleur travaille et perçoit un salaire ; le chef d'entreprise entreprend, prend les risques à sa charge, et cette peine mérite profit. Le patronat français semble donc vouloir se défausser de cette responsabilité. Il s'inscrit dans une conception développée il y a quelques années à la Banque mondiale. Sa direction de la protection sociale créée en 1996 élabore une doctrine construite autour du concept de gestion du risque social dont les grandes lignes[4] feront en 2001 l'objet d'un rapport intitulé *From Safety Net to Springboard* (Du filet de sécurité au tremplin). On y voit se déployer une extraordinaire anthropologie de la pauvreté : « Parce qu'ils ont peur de tomber dans la misère et de ne pouvoir survivre, les pauvres ne veulent pas prendre de risques, et hésitent donc à se lancer dans des activités plus risquées mais aussi plus rémunératrices. En conséquence, non seulement ils ne sont pas en mesure de saisir les opportunités offertes par le processus de mondialisation, mais ils sont encore

1. Ernest-Antoine SEILLIÈRE, « Le nouveau partage des risques dans l'entreprise », *Risques*, n° 43, juillet-septembre 2000.

2. Denis KESSLER, « L'avenir de la protection sociale », *Commentaire*, n° 87, automne 1999.

3. Michele I. NAPLES et Nahid ASLANBEIGUI, « What does determine the profit rate ? The neoclassical theories presented in introductory textbooks », *Cambridge Journal of Economics*, vol. 20, n° 1, janvier 1996, http://gesd.free.fr/naplesa.pdf.

4. Robert HOLZMANN et Steen JØRGENSEN, « Gestion du risque social : cadre théorique de la protection sociale », *Document de travail de la Banque mondiale*, n° 2, février 2000, http://gesd.free.fr/holzman0.pdf.

plus exposés aux risques accrus qui résulteront probablement de celui-ci. Comme ils ne peuvent prendre des risques et entreprendre des activités de production plus rentables, il est très probable qu'ils ne pourront pas, non plus que leurs enfants, sortir de la pauvreté. L'amélioration de leurs capacités de gestion du risque est donc un moyen puissant de réduire durablement la pauvreté. » Et l'État providence n'est pas la solution : « L'expérience des pays de l'OCDE montre que l'accroissement de la protection contre le risque par un État providence réduit l'esprit d'entreprise. »

La cohérence libérale est par ailleurs universelle : l'idée qu'une indemnisation trop généreuse des chômeurs au Nord « peut aussi amener ceux-ci à limiter leurs efforts » établit un parallèle saisissant avec l'« aversion pour le risque » des pauvres du Sud. Cette analyse débouche sur une recommandation de « ciblage » exclusif vers les plus pauvres, d'autant plus que la mondialisation exerce une pression sur la fiscalité. Ce discours n'en reste pas à la rhétorique : il inspire les politiques et ses effets sont mesurables. Sur la base d'un indicateur de sécurité économique, l'OIT (Organisation internationale du travail) estime à 73 % la proportion de travailleurs vivant en situation d'insécurité économique à travers le monde, « tandis que 8 % seulement vivent dans les pays en pointe, c'est-à-dire dans des sociétés offrant une sécurité économique favorable [1] ».

Mais, dans les pays « en pointe » aussi, l'État social est soumis à l'épreuve de l'austérité budgétaire [2]. Cette « thérapie de choc » s'inscrit dans un long processus de déconstruction du social qui est placé sous le double signe de la « flexibilité » et de la « liquidité ». Frédéric Lordon avait déjà souligné que la précarisation du salariat est l'application au travail des « propriétés de la liquidité dont le marché financier dote le capital [3] ». Les chercheurs de l'Ires [4] prolongent ce parallèle en écrivant que « le travail est le point d'aboutissement de l'extension du domaine de la liquidité. Le rêve de pouvoir défaire les liens économiques aussi vite qu'une cession d'actifs est devenu l'horizon d'un grand nombre de réorganisations productives : le développement de l'externalisation et de la sous-traitance permet de remettre en cause rapidement les liens contractuels hérités du passé, faisant des salariés la variable d'ajustement. Ainsi peuvent se comprendre les modifications du code du travail qui s'enchaînent dans le même sens depuis quelques années, cette recherche univoque de déstabilisation des protections de long terme construites au cours de la période précédente : contrat de travail à durée indéterminée comme norme de l'emploi salarié, Sécurité sociale comme mode de socialisation des risques, régimes de retraite stables rendant lisible le contrat intergénérationnel ».

Tout cela peut se résumer en une formule : la marchandisation du travail. Elle a vocation à s'étendre à une autre dimension du travail, sa durée. Là encore, il faut revenir sur les rêves les plus fous du patronat, qui permettent de comprendre pourquoi la loi

1. OIT, *La Sécurité économique pour un monde meilleur*, 2004, http://bit.ly/OIT2004.

2. Voir « L'État social à l'épreuve de l'austérité », numéro spécial de la *Chronique internationale de l'Ires*, n° 127, novembre 2010, http://tinyurl.com/IRES127.

3. Frédéric Lordon, *Fonds de pension, piège à cons ?*, Paris, Raisons d'agir, 2000.

4. Dans leur introduction à *La France du travail*, *op. cit.*

35H
LIBÉRALISME AKBAR!

sur les 35 heures, même défigurée dans sa version finale, sert de repoussoir absolu. En annexe du fameux rapport Minc paru en 1994, Pierre Guillen, alors vice-président de l'UIMM, proposait de passer à « un régime contractuel dans lequel les parties au contrat de travail peuvent discuter et fixer librement le volume de l'horaire et sa répartition [1] ». Plus de durée légale, plus de durée hebdomadaire, plus d'heures supplémentaires, reste un face-à-face direct entre le salarié et l'employeur, « libres de négocier la durée du travail en fonction des besoins de l'entreprise, de la conjoncture économique et des souhaits des salariés ». Ce rappel permet de comprendre la véritable hargne du patronat et de son personnel politique à propos des 35 heures. Il souligne une autre dimension de la marchandisation : celle-ci passe aussi par l'individualisation, c'est-à-dire une inversion du processus de socialisation qui a toujours sous-tendu le progrès social.

En s'étendant à l'ensemble de la planète, le capitalisme a élargi ses marges de manœuvre, en s'ouvrant de nouveaux débouchés et en augmentant ses réserves de force de travail à bas salaire. Cette extension géographique s'accompagne d'une extension sectorielle qui cherche à soumettre à la loi du marché les domaines qui y échappaient jusqu'à un certain point. Il faudrait un ouvrage spécifique pour montrer à quel point cette tendance est systématique et universelle, mais on peut rapidement esquisser un panorama. Une première catégorie de « réformes » vise la Sécurité sociale. Elles ont pour socle commun le refus de donner aux régimes publics de santé et de retraites les ressources nécessaires pour accompagner la croissance prévisible de leurs dépenses. Dans le même temps, tout est fait pour promouvoir, à titre de « complément », les assurances privées et les fonds de pension. Si ce n'est pas possible, on cherche au moins à introduire les normes de gestion privée : c'est tout le sens de la tarification à l'activité des hôpitaux ou de la RGPP (Révision générale des politiques publiques) en France. Cette tendance à la privatisation s'étend à des équipements publics, comme les autoroutes ou même les prisons, et l'éducation n'est pas à l'abri. C'est plus largement l'ensemble de la biosphère qui est concerné : privatisa-

1. Alain Minc, *La France de l'an 2000*, Paris, Odile Jacob/La Documentation française, 1994.

tion de l'eau, vente de territoires agricoles à d'autres pays, etc. Mais c'est sans doute dans le domaine de la connaissance que le phénomène est le plus frappant.

LA CONNAISSANCE-MARCHANDISE

Le développement incessant de nouvelles technologies est un moteur important du dynamisme capitaliste et on parle volontiers d'économie de la connaissance. Mais la logique marchande se heurte à une contradiction que les économistes qualifient de dilemme de la connaissance : « Seule l'anticipation d'un prix positif de l'usage garantira l'allocation de ressources pour la création ; mais seul un prix nul garantit un usage efficient de la connaissance, une fois celle-ci produite [1]. » Traduisons : dans une logique marchande, aucune activité de production de connaissances ne sera entreprise sans perspective de profit. Mais il ne faut pas que cette connaissance devienne un bien public mis à disposition gratuitement. C'est la fonction du brevet de protéger le statut de marchandise de l'innovation. Un exemple célèbre est celui de la société Myriad Genetics qui, ayant breveté deux mutations du gène du cancer du sein, a exigé que les laboratoires à but non lucratif qui travaillent sur le dépistage paient un droit de licence.

Or la connaissance est un bien public, défini par deux propriétés : sa consommation par un individu ne limite pas celle d'un autre individu (« non-rivalité ») et il est difficile d'empêcher le libre accès à la consommation de ce bien (« non-exclusion »). Pour reprendre l'exemple donné par Joseph Stiglitz : « Si je vous apprends un théorème, je continue de profiter de cette connaissance en même temps que vous y accédez. Et, de la même façon, après avoir publié ce théorème, n'importe qui peut en bénéficier. Personne ne peut être exclu [2]. »

Ce n'est pas tellement l'immatérialité du « produit » qui fait problème, car la nature marchande d'un bien ou d'un service n'est

1. Maurice CASSIER et Dominique FORAY, « Économie de la connaissance : le rôle des consortiums de haute technologie dans la production d'un bien public », *Économie et Prévision*, n° 150-151, 2001, http://gesd.free.fr/casforay.pdf.

2. Joseph STIGLITZ, « Knowledge as a global public good », *in* Inge KAUL, Isabelle GRUNBERG et Marc STERN, *Global Public Goods*, New York, Oxford University Press, 1999, p. 308 ; trad. fr. *Les Biens publics mondiaux*, Paris, Economica, 2002.

pas une caractéristique physique, mais dépend de ses conditions sociales de production et de distribution. Les difficultés apparaissent principalement parce que la recherche, fondamentale et appliquée, est caractérisée par une structure de coûts particulière, que l'on peut résumer ainsi : 1) la mise de fonds initiale est massive, mais la production du produit, ou sa reproduction, est quasiment gratuite ; 2) il y a une dévalorisation rapide des investissements qu'il faut donc amortir et rentabiliser sur une période très courte ; 3) l'innovation ou le produit final peuvent être appropriés à peu près gratuitement par la concurrence, après première diffusion (logiciel, œuvre d'art, médicament, information, etc.).

L'exemple typique est celui du logiciel dont la conception implique un investissement important et concentré dans le temps, qui s'apparente alors à du capital fixe. Il s'agit en l'occurrence du travail très qualifié d'une équipe d'ingénieurs et d'informaticiens, et on retrouve ici l'intuition marxiste qui analyse le capital fixe comme du travail vivant cristallisé. Les projets sont d'ailleurs évalués en hommes-années, ce qui constitue un bel hommage de la nouvelle économie à la vieille loi de la valeur.

Normalement, la valorisation du capital passe par la formation d'un prix qui couvre le coût de production instantané, l'amortissement du capital fixe calculé en fonction de sa durée de vie économique, plus le taux de profit moyen. La concurrence qui règle la répartition du profit n'est pas exempte de contradictions qui conduisent classiquement à une alternance de suraccumulation et de dévalorisation du capital. Ces tendances sont indéniablement accentuées dans le cas de la « nouvelle économie » en raison de coûts fixes élevés par rapport aux coûts variables, et d'une rotation rapide du capital fixe. Mais il n'y a pas pour autant de changement de nature.

C'est donc surtout le troisième point qui fait problème. Si l'innovation permet de produire moins cher les mêmes marchandises, le capital qui la réalise bénéficie d'une prime, ou d'une rente (une « plus-value extra », disait Marx) qui rétribue transitoirement l'avance technologique. Dans le capitalisme « ancien », les concurrents vont être amenés à introduire la même innovation, afin de bénéficier eux aussi de ces surprofits ou tout simplement pour résister à la concurrence. Un problème particulier apparaît dans la « nouvelle économie » chaque fois que les firmes concurrentes peuvent se mettre à niveau à un coût très réduit, car cette possibilité a pour effet de dévaloriser instantanément le capital qui correspondait à la mise de fonds initiale.

Supposons qu'une firme investisse 100 euros pour mettre au point un nouveau produit. Si elle prévoit d'en vendre 100 unités, elle fixera le prix à 2,50 euros qui se décompose en 1 euro d'amortissement du capital fixe, 1 euro de coût de production et, mettons, 25 % de marge, soit 0,50 euro. Mais supposons maintenant que, à la première unité vendue, un concurrent peut se mettre à produire le même produit sans autre coût que celui de sa production directe, soit 1 euro auquel on ajoute 25 % de marge. Son prix de vente est alors de 1,25 euro, soit deux fois moins cher que l'entreprise innovatrice : il rafle donc le marché et dévalorise instantanément le capital avancé.

Dans la mesure où l'économie de la connaissance conduit à une telle configuration, elle entre en contradiction avec la logique capitaliste parce que le statut de marchandise est remis en cause. C'est au fond ce qu'expliquent les géants de l'industrie pharmaceutique : le coût élevé de nos médicaments est justifié par la nécessaire rentabilisation de nos énormes frais de recherche. Si l'on autorise la production de génériques à des coûts largement inférieurs parce qu'ils ne paient pas cet effort de recherche, alors tout se passe comme si notre capital était dévalorisé, de telle sorte que nous ne pouvons plus l'accumuler, sous forme de nouvelles dépenses de recherche. La segmentation du marché mondial, avec des prix modulés selon le pouvoir d'achat des clients potentiels, est impossible, parce que rien ne garantit l'imperméabilité entre ces différents segments. On voit sur cet exemple que la défense rigoureuse de la propriété intellectuelle et le dogme du marché mondial à prix unique découlent logiquement de la logique marchande, confrontée à la mondialisation et à la copiabilité. Cette dernière caractéristique, qui s'accompagne souvent, mais pas forcément, de l'immatérialité, introduit une difficulté relativement nouvelle qui revient au fond à ceci : la dépense en capital fixe devient en proportion très importante dans la conception de la marchandise, mais relativement faible au stade de la production.

Ce rôle du savoir a été théorisé sous le terme « capitalisme cognitif » qui définirait un nouveau stade du capitalisme, succédant à celui du capitalisme industriel [1]. Mais, plutôt que de prêter une nouvelle cohérence au capitalisme, l'économie du savoir introduit de nouveaux éléments de crise dans son fonctionne-

1. Pour une synthèse récente, voir Yann Moulier Boutang, *Le Capitalisme cognitif. La nouvelle grande transformation*, Paris, éditions Amsterdam, 2008. Pour une critique, voir Michel Husson, « Sommes-nous entrés dans le capitalisme cognitif ? », *Critique communiste*, n° 169-170, 2003, http://hussonet.free.fr/cogniti.pdf.

ment : « Le capitalisme dit cognitif est la crise du capitalisme [1]. » Il faut donc garantir le statut de marchandise des produits en introduisant des droits de propriété « intellectuelle ». Comme le dit Enzo Rullani, « la valeur d'échange de la connaissance est donc entièrement liée à la capacité pratique de limiter sa diffusion libre. C'est-à-dire de limiter avec des moyens juridiques (brevets, droits d'auteur, licence, contrats) ou monopolistes la possibilité de copier, d'imiter, de réinventer, d'apprendre les connaissances des autres [2] ». L'actualité est remplie d'exemples qui illustrent cette analyse, qu'il s'agisse du monopole de Microsoft, de la lutte contre le piratage informatique ou contre les médicaments génériques.

Les défenseurs du brevet lui attribuent d'ailleurs d'autres fonctions positives que celle d'inciter à l'innovation. Il permettrait par exemple de réguler la diffusion des inventions, d'encourager aux investissements nécessaires au développement et à la commercialisation et de baliser les domaines de recherche [3]. Mais ces affirmations ne sont pas faciles à vérifier empiriquement. En premier lieu, ce discours économique repose, ici encore, sur le postulat dogmatique selon lequel l'effort au travail n'a d'autre moteur que le gain qu'il procure. De nombreuses études sociologiques fournissent pourtant une profusion de contre-exemples à ce principe, que l'on peut trouver à peu près dans tous les secteurs de l'activité humaine. Mais c'est dans le champ scientifique que ce postulat paraît particulièrement peu opératoire. Si c'est l'appât du gain qui motivait les chercheurs, beaucoup d'universités et de laboratoires seraient aujourd'hui vides. Le mobile des rétributions matérielles se combine toujours, dans des proportions évidemment très variables, avec d'autres, d'ordre éthique et symbolique, qui passent par l'honneur au travail, l'esprit de solidarité, la recherche de la reconnaissance sociale.

On peut, si l'on veut, accepter l'affirmation au fond assez tautologique selon laquelle tout comportement humain obéit à un processus de maximisation de l'utilité. Il se trouve que la fonction à maximiser n'est pas unidimensionnelle et qu'elle obéit en

1. André GORZ, *L'Immatériel*, Paris, Galilée, 2003.

2. Enzo RULLANI, « Le capitalisme cognitif : du déjà-vu ? », *Multitudes*, n° 2, 2000, http://tinyurl.com/rullani.

3. Roberto MAZZOLENI et Richard NELSON, « Economic theories about the benefits and costs of patents », *Journal of Economic Issues*, vol. 32, n° 4, 1998, http://gesd.free.fr/mazzo98.pdf.

grande partie à des déterminations sociales. Sinon, on risque non seulement de ne rien comprendre à l'activité scientifique, mais aussi d'en casser l'efficacité réelle sous prétexte de vouloir la faire fonctionner selon les préceptes d'une conception idéologique déformée. C'est ce que montrent de manière convaincante Dasgupta et David dans un article de référence [1] où ils esquissent une « nouvelle économie de la science » qu'ils résument en trois propositions : 1) la valeur économique de la recherche de base est aléatoire ; 2) la rente associée à la découverte est elle aussi aléatoire et déconnectée des gains potentiels découlant de l'application de la découverte ; 3) par suite, les défaillances du marché sont susceptibles de conduire à un sous-investissement dans ce domaine, et c'est pourquoi l'intervention publique est justifiée.

1. Partha Dasgupta et Paul David, « Towards a new economics of science », *Research Policy*, vol. 23, n° 5, 1994 ; reproduit dans Philip Mirowski et Esther-Mirjam Sent, *Science Bought and Sold : Essays in the Economics of Science*, Chicago, The University of Chicago Press, 2001.

Bref, ce que démontent tranquillement ces deux auteurs, c'est la croyance du capitalisme en sa supériorité intrinsèque. Ce point de vue s'appuie évidemment sur l'effondrement de l'URSS, dont l'incapacité à produire de l'innovation apparaît comme l'un des éléments essentiels de sa décomposition. Mais cette idéologie simpliste en vient à identifier de manière superficielle le capitalisme (privé) et l'efficacité maximale du point de vue de l'innovation. Or ce dynamisme en matière d'innovation repose sur une division du travail subtile (et fragile) entre initiative privée et fonds publics. Les systèmes d'innovation [1] purement privés n'existent à peu près pas, et ils combinent toujours en proportions variées les trois grandes formes institutionnelles que David [2] appelle les « trois P » : le *procurement*, production publique, directe ou sous contrat ; le *patronage*, recherche académique financée sur fonds publics ou privés ; la *propriété*, production privée fondée sur le droit de propriété intellectuelle.

Or la marchandisation et l'extension de la brevetabilité tendent à rompre les équilibres et les synergies existants au profit du financement privé. David prend l'exemple de la directive européenne sur les bases de données [3] qui, pour résumer, étend le copyright à des données du domaine public, à partir du moment où elles sont intégrées dans une base de données considérée comme une innovation. Il montre que cette décision risque d'avoir un effet boomerang sur la « science ouverte » en restreignant l'accès à l'information scientifique, qui est l'une de ses principales matières premières : « Les déséquilibres actuels résultant de la privatisation des bases de connaissances engendrent des risques de blocage de l'innovation. »

Ces analyses reposent sur une distinction semblable à celle déjà proposée par Arrow [4] entre « recherche de base » et « autres activités d'invention ». Dasgupta et David opposent quant à eux le

1. Bruno Amable, Rémy Barré et Robert Boyer, *Les Systèmes d'innovation à l'ère de la globalisation*, Paris, Economica, 1997.

2. Paul David, *The Digital Technology Boomerang. New Intellectual Property Rights Threaten Global « Open Science »*, communication à la conférence ABCDE de la Banque mondiale, 2000, http://gesd.free.fr/david2000.pdf.

3. Directive 96/9/CE du Parlement européen et du Conseil du 11 mars 1996, concernant la protection juridique des bases de données, http://gesd.free.fr/9609.pdf.

4. Kenneth Arrow, « Economic welfare and allocation of resources for invention », *in* NBER, *The Rate and Direction of Inventive Activity : Economic and Social Factors*, Princeton, Princeton University Press, 1962, http://gesd.free.fr/arrow62.pdf.

J'AI DÉCOUVERT LE GÈNE DU CAPITALISME !
C'EST QUOI CETTE ARNAQUE ?
LE SEUL MOYEN QUE J'AI TROUVÉ POUR FAIRE FINANCER MES TRAVAUX PAR LES CAPI-TALISTES...

monde de la science ouverte à celui de la technologie, domaine privilégié de la science corsetée (*restricted*) par la marchandisation. Si le brevet protège un résultat général plutôt que la méthode particulière d'obtention de ce résultat, « toute recherche ultérieure visant à explorer d'autres méthodes d'obtention du même résultat serait bloquée [1] ». De plus, les brevets donnent de plus en plus souvent des droits sur les découvertes qui interviendront en aval et portent sur toutes les applications imaginables : ces procédures d'accord de licences « en cascade » établissent alors de véritables monopoles par anticipation.

Dalle et Jullien [2] résument parfaitement cette économie politique de l'innovation, où l'on retrouve l'idée de socialisation : « La valeur sociale de l'invention et de la diffusion de la connaissance est largement supérieure à sa valeur appropriable individuellement. » Cette proposition très générale se déduit d'une étude consacrée au logiciel libre, qui est l'un des domaines où la supériorité de l'invention collective apparaît le plus clairement [3]. Il y a là une source spécifique d'efficacité et, par exemple, « le système Linux ne doit pas simplement être analysé en tant que mode privilégié d'expression des convictions éthiques et altruistes des individus, ou même d'un sentiment communautaire, mais il doit surtout être vu comme un mécanisme générateur d'efficacité économique [4] ».

La configuration optimale supposerait au moins l'existence d'un équilibre entre recherche publique et recherche privée, mais on peut aller plus loin et avancer l'idée que c'est l'invention collective qui est la plus efficace sous la forme d'un consortium de recherche : « Le consortium crée des espaces de partage des connaissances, qui rompent temporairement et localement avec le secret technologique et la rétention des savoirs privés. En instaurant des relations multilatérales plutôt que bilatérales, il oblige à briser les formules d'exclusivité et crée des espaces de production collective. Il s'agit donc d'un dispositif précieux lorsque la

1. Dominique Foray, *L'Économie de la connaissance*, Paris, La Découverte, « Repères », 2009, nouv. éd.

2. Jean-Michel Dalle et Nicolas Jullien, « "Libre" software : turning fads into institutions ? », *Research Policy*, vol. 32, n° 1, 2003, http://gesd.free.fr/dallej3.pdf.

3. François Horn, *L'Économie des logiciels*, Paris, La Découverte, « Repères », 2004.

4. Dominique Foray et Jean-Benoît Zimmermann, « L'économie du logiciel libre », *Revue économique*, vol. 52, hors-série, octobre 2001, http://gesd.free.fr/forayz.pdf.

tendance à la privatisation de la connaissance devient un réel obstacle au développement des innovations [1]. »

La question de la propriété intellectuelle occupe une place essentielle dans les négociations internationales, à travers les accords TRIPS [2] successifs qui font partie de la charte constitutive de l'OMC (Organisation mondiale du commerce). Ces accords sont par nature asymétriques et visent principalement les pays en développement ou émergents qui ne respecteraient pas suffisamment les droits de la propriété intellectuelle. Ils tendent à reproduire la domination technologique des pays développés, qui s'exerce sous des formes parfois caricaturales comme les semences brevetées par Monsanto ou les brevets déposés sur des cultures traditionnelles. L'objectif est surtout d'interdire les transferts

1. Maurice CASSIER et Dominique FORAY, « Économie de la connaissance : le rôle des consortiums de haute technologie dans la production d'un bien public », art. cit.

2. *Trade-Related Aspects of Intellectual Property Rights* ; en français ADPIC : aspects des droits de propriété intellectuelle qui touchent au commerce.

technologiques sauvages sous forme d'imitation ou de licences obligatoires pour les investisseurs étrangers.

Pourtant, les pays émergents ont montré les succès que pouvait remporter une stratégie habile de « remontée des filières ». En s'appropriant les technologies, ces pays réussissent à maîtriser la production de biens de haute technologie. L'exportation de capitaux a conduit en somme à fabriquer des concurrents. La leçon a été retenue, et les grands groupes ont adopté une stratégie visant à ne délocaliser que certains segments de production et à ne transférer que des fragments de technologie. Le durcissement des droits de propriété intellectuelle permet de verrouiller la situation. On invoque cependant les bienfaits de cette protection accrue. Le dynamisme de l'innovation sera menacé si rien ne garantit que les efforts de recherche ne seront pas détournés par des concurrents potentiels. Cependant, « la plupart des études empiriques menées sur les pays développés ne parviennent pas à identifier un impact significatif des droits de propriété intellectuelle sur les efforts de recherche ou sur leur productivité [1] ».

LES ENJEUX THÉORIQUES DE LA MARCHANDISATION

Si tout comportement humain est déterminé par un calcul individuel, l'ensemble des rapports sociaux devrait pouvoir se traduire en rapports d'argent. C'est cette logique qui est poussée à son terme par une branche de l'économie dominante. Sa figure de proue est Gary Becker (« prix Nobel » en 1992). Dans un ouvrage récent [2], il déclare : « Ce sont des considérations de prix et de coûts qui influencent les choix moraux et éthiques – par exemple celui de savoir si l'on doit agir honnêtement – exactement de la même manière qu'elles influencent les choix portant sur l'acquisition de biens personnels. » Ce postulat est ensuite appliqué à l'ensemble des choix de la vie sociale (criminalité, addictions, mariage, etc.) qui sont tous ramenés à un calcul individuel. En poussant cette logique jusqu'au bout du ridicule, on arrive à la *Freakonomics* [3] (l'économie saugrenue) où les auteurs se demandent pourquoi les

1. Emmanuel Combe et Étienne Pfister, « La protection des droits de propriété intellectuelle », *Économie internationale*, n° 85, 2001, http://gesd.free.fr/combef.pdf.

2. Gary S. Becker, *Accounting for Tastes*, Cambridge, Harvard University Press, 1996.

3. Steven Levitt et Stephen Dubner, *Freakonomics*, Paris, Denoël, 2006.

dealers vivent chez leur maman ou bien expliquent la baisse de la criminalité aux États-Unis dans les années 1990 par la légalisation de l'avortement vingt-cinq ans plus tôt.

Même en laissant de côté les choix individuels, il est une autre catégorie de biens « impurs » qui résistent *a priori* à une totale marchandisation ; ce sont les « monopoles naturels » et, plus largement, les biens qualifiés de collectifs, publics ou communs. C'est encore une vieille question d'économie politique, que Samuelson reprend en 1954 à partir d'une distinction entre biens de consommation privée et biens de consommation collective [1]. Ces derniers ont une particularité : « La consommation de ce type de biens par un individu n'affecte en rien celle des autres individus. » Cette propriété sera baptisée « non-rivalité » et on en ajoutera une autre [2], celle de « non-exclusion », qui désigne l'impossibilité pratique d'empêcher le libre accès à la consommation de ce bien. Comment alors donner un prix et concevoir un marché pour de tels biens ? Samuelson voit le problème : « Aucun système de prix décentralisé ne peut permettre de déterminer les niveaux optimaux de consommation collective et il faudrait donc essayer d'autres méthodes de décision. » Et sa conclusion va très loin : rien ne garantit – ce serait « pur hasard » – que l'on puisse extraire de l'ensemble des choix sociaux (il parle de « sociologie » et de « politique du bien-être ») un « sous-ensemble doté des propriétés de l'économie traditionnelle ». Cela revient à dire que les procédures marchandes ne peuvent couvrir l'ensemble des choix sociaux à partir du moment où il existe des biens publics dont l'offre est prise en charge par l'État ou des collectivités.

Il y a derrière tout cela une opposition idéologique très forte à toute idée de gestion publique des biens qui reprend les justifications données au mouvement des *enclosures*, autrement dit à la première grande privatisation. Un classique de cette littérature véritablement réactionnaire est l'article de Garrett Hardin sur la « tragédie des communs [3] » où il défend des thèses malthusiennes, voire eugénistes : « Combiner le principe d'un droit à enfanter et la croyance que tous les individus acquièrent à la naissance

1. Paul Samuelson, « The pure theory of public expenditure », *Review of Economics and Statistics*, vol. 36, n° 4, 1954, http://gesd.free.fr/sampub.pdf.

2. John Head, « Public goods and public policy », *Public Finance*, vol. 17, n° 3, 1962.

3. Garrett Hardin, « The tragedy of the commons », *Science*, n° 162, 1968, http://gesd.free.fr/hardin68.pdf.

un droit égal aux biens communs, c'est conduire le monde à un destin tragique [1]. »

La volonté est permanente, sous diverses formes, de montrer que le marché peut mieux faire. On peut citer Ronald Coase, qui a reçu le prix Nobel en 1991, notamment pour son « théorème » établissant que des contrats entre pollueurs et pollués peuvent conduire à une solution plus efficace que des taxes écologiques ou la réglementation. Tout le raisonnement suppose que les nuisances peuvent être évaluées en argent : « Les gens ne polluent pas par plaisir, mais parce que c'est un moyen moins coûteux de produire quelque chose. [Ça], c'est le bien et la perte de valeur qui résulte de la pollution, c'est le mal. Vous devez comparer les deux [2]. »

1. Pour une critique des thèses « surpopulationnistes », voir Michel HUSSON, *Sommes-nous trop ?*, Paris, Textuel, 2000, http://hussonet.free.fr/666.pdf.

2. Ronald COASE, « Looking for results », *Reason Magazine*, janvier 1997, http://gesd.free.fr/coase97.pdf.

Mais, n'en déplaise à Coase, il existe de fait des biens dont la gestion passe par l'intervention publique et non pas par des contrats marchands entre individus. La tâche est alors d'étendre aux décisions politiques la grille théorique de ce que Samuelson appelle l'économie « traditionnelle ». C'est l'école dite du choix public (*public choice*) qui va relever le défi. Elle peut être définie comme « l'étude économique de la prise de décision hors marché, ou tout simplement comme l'application de l'économie à la science politique. Son objet est le même que celui de la science politique [...]. Le postulat de base du *public choice*, comme dans le cas de l'économie, est que l'homme maximise son utilité, de manière égoïste et rationnelle [1] ». Mais ce programme de travail s'est révélé stérile, et l'école du *public choice* a fait faillite, pour deux raisons essentielles : les motivations politiques ne peuvent se ramener à un égoïsme utilitariste, et les décisions sociales sont le produit d'arbitrages complexes et de compromis difficilement modélisables [2].

LA VIE-MARCHANDISE ET LE DÉLIRE COMPTABLE

Cependant, les économistes ne sont jamais à court d'imagination et vont jusqu'au bout de leur logique. Elle les conduit à calculer le coût de la vie humaine. Cela peut paraître choquant, mais on se fera ici l'avocat du diable. Prenons l'exemple anodin de la construction d'un rond-point. Si l'on fait abstraction d'éventuels pots-de-vin, la décision va être prise à partir d'une comparaison entre le coût du rond-point et le nombre d'accidents qu'il est susceptible d'éviter. Cela veut dire, au moins implicitement, que l'on va attribuer une valeur monétaire virtuelle (on pourrait parler ici de *shadow price*) aux morts évitées et comparer le coût et cet « avantage ». Ce type d'études tend à se raréfier, mais encore en 2001 le rapport Boiteux [3] évaluait à 1,5 million d'euros la valeur d'une vie humaine épargnée ; le blessé grave ne valait « que » 225 000 euros, et le blessé léger 33 000 euros.

1. Dennis MUELLER, *Public Choice II*, Cambridge, Cambridge University Press, 1989.

2. Hugh STRETTON et Lionel ORCHARD, *Public Goods, Public Enterprise, Public Choice*, Londres, The MacMillan Press, 1994.

3. Marcel BOITEUX et Luc BAUMSTARK, *Transports : choix des investissements et coûts des nuisances*, Paris, Commissariat général du Plan, 2001, http://bit.ly/boiteux.

Cette méthode a trouvé un nouveau champ d'expansion dans le domaine écologique. En 1997, une équipe dirigée par Robert Costanza [1] avait cherché à évaluer les « services rendus » par les écosystèmes et le « capital naturel », de la régulation climatique aux services culturels et récréatifs, en passant par l'eau, l'alimentation et les matières premières. Pour l'ensemble de la biosphère, dont la majeure partie est « hors marché » comme le rappellent les auteurs, la valeur de ces « services » représenterait environ deux fois le PIB mondial. Plus récemment, une autre étude [2] consacrée aux écosystèmes forestiers en France arrive à une valeur « qui a été particulièrement travaillée » de 970 euros par hectare et par an « avec une fourchette pouvant varier de 500 à 2 000 euros par hec-

1. Robert COSTANZA *et al.*, « The value of the worlds' ecosystem services and natural capital », *Nature*, vol. 387, 1997, http://gesd.free.fr/costanza.pdf.

2. Bernard CHEVASSUS-AU-LOUIS (président), *Approche économique de la biodiversité et des écosystèmes*, Paris, Centre d'analyse stratégique, 2009, http://gesd.free.fr/biodiv.pdf.

tare et par an selon, en particulier, la fréquentation récréative ou touristique et le mode de gestion de l'écosystème ».

Mais c'est avec le rapport Stern [1] que cette méthode « coûts-avantages » a obtenu le plus grand impact. Il met en balance le coût des programmes d'économies d'énergie et une évaluation des effets du réchauffement climatique pour montrer que le jeu en vaut largement la chandelle. Même si ce calcul a pesé favorablement dans la prise en compte des défis environnementaux, la méthode elle-même est discutable car elle revient là aussi à donner un coût monétaire à des phénomènes qui sont par nature « hors marché ».

Toute la question est de savoir comment sont calibrées ces évaluations, car il s'agit au fond de connaître le prix de tout et la valeur de rien [2]. Dans tous les cas, il s'agit de simuler des marchés, à partir de « transactions plus ou moins fictives [3] » qui font intervenir, directement ou indirectement, la notion de « consentement à payer ». On étudie par exemple le marché de l'immobilier pour en déduire la valeur implicite de la qualité de l'environnement. Ou bien on mobilise des enquêtes cherchant à mesurer le consentement des personnes à payer ou à accepter un certain niveau d'indemnité pour un risque. Le rapport Boiteux déjà cité édicte la règle selon laquelle un programme public est jugé optimal « lorsque le coût engagé pour sauver une vie de plus est égal au consentement marginal moyen de la collectivité à payer pour la sécurité, ce qui conduit à déterminer cette valeur par enquête, soit auprès des décideurs, soit auprès d'un échantillon de la population censé exprimer la position de la collectivité ».

Ces calculs peuvent devenir encore plus sinistres. Le rapport Boiteux propose une autre méthode, celle du « manque à produire ». Le coût de la vie est calculé par la « perte de biens et services futurs que subira la société du fait de la disparition d'une personne ». D'accord sur ce principe général, les experts divergent. Certains pensent qu'il faut raisonner « en net » et défalquer

1. Nicholas STERN, *Stern Review on the Economics of Climate Change*, Londres, UK Government Economic Service, 2006, http://bit.ly/Stern6.

2. Pour reprendre le titre d'un livre qui propose une critique serrée et didactique de ce type de calcul économique, voir Frank ACKERMAN et Lisa HEINZERLING, *Priceless : On Knowing the Price of Everything and the Value of Nothing*, New York, The New Press, 2004.

3. Jean-Luc PUJOL, « La valeur du vivant : quelle mesure pour la biodiversité ? », *La Note de veille*, n° 89, Centre d'analyse stratégique, février 2008, http://gesd.free.fr/eveil89.pdf.

de ce manque à produire ce que la victime aurait consommé durant le reste de sa vie. D'autres experts soulignent qu'il faut prendre en compte des éléments plus qualitatifs et raisonner « en brut » parce que la perte de jouissance d'une vie pour la victime et pour ses proches peut être approchée forfaitairement par la valeur marchande des consommations de l'individu. Voilà bien la logique marchande poussée à son paroxysme, et c'est assez effrayant. Détaillons un peu le raisonnement. Dans un premier temps, certains experts s'aperçoivent que l'évaluation fondée sur la production nette manque un peu d'épaisseur éthique, puisqu'elle égale la valeur d'un individu à la différence entre ce qu'il produit et ce qu'il consomme, autrement dit la plus-value qu'il peut dégager. Il faut introduire un peu de sentiment, mais comment le mesurer ? La solution qui leur vient à l'esprit est presque pire puisqu'elle revient à dire qu'un individu est estimé (et aimé) à proportion de sa consommation cumulée ! Dans les deux cas, la vie d'un ouvrier vaut évidemment moins que celle d'un cadre supérieur, puisque la production individuelle est bien sûr évaluée par son salaire.

Ce à quoi l'on touche ici, et que contestent d'ailleurs les économistes néoclassiques les plus extrémistes (qui ont bien compris le danger), c'est l'incommensurabilité d'un certain nombre de droits sociaux. Si on considère que la prostitution enfantine doit être prohibée, on ne s'y prend pas en établissant une super-TVA sur ce genre de « transactions » : on en fait un délit passible de sanction. Certes, celle-ci est proportionnée à la gravité de ce délit, mais en grande partie démonétisée. Cette codification des sanctions est d'une nature différente d'un catalogue tarifé, parce qu'elle est déconnectée de la « préférence » des clients. La peine est forte parce que la société a décidé d'en faire un délit grave et non pas en fonction du « consentement à payer » des coupables. L'objectif n'est pas de leur faire payer le « juste prix », mais de casser l'offre. C'est probablement l'une des pires laideurs de la société marchande que de faire de ce genre de distinction une subtilité.

Beaucoup d'institutions ne résultent en aucune manière d'un calcul économique marchand s'appuyant sur un système de préférences individuelles. Au contraire, elles sont une inscription de valeurs dans l'espace social. C'est pourquoi vouloir fonder une décision sur la base de ce que les gens sont prêts à payer ou à accepter comme compensation revient à se tromper de catégorie. La différence entre valeur et préférence est bien illustrée par la comparaison de Mark Sagoff [1] : la transposition du calcul économique traditionnel consisterait à choisir le verdict d'un procès en calculant le bénéfice net de chacune des peines possibles ; ou encore à décider s'il faut enseigner le créationnisme plutôt que l'évolutionnisme en fonction des revenus escomptés !

1. Mark SAGOFF, « Carrying capacity and ecological economics », *BioScience*, vol. 45, n° 9, octobre 1995, http://gesd.free.fr/sagoff95.pdf.

BIENS PUBLICS

Le constat est clair : un très grand nombre de « biens » ne relèvent pas du marché, ou ne devraient pas en relever. On peut en dresser une typologie générale, en croisant les deux propriétés de non-rivalité et de non-exclusion [1]. Les biens privés purs sont des biens rivaux et exclusifs. À l'inverse, les biens publics purs sont non rivaux et non exclusifs. Entre ces deux catégories, on distingue deux situations intermédiaires :

– les biens de club correspondent à la réalisation de la seule non-rivalité : on peut en consommer autant qu'on veut mais, pour y avoir accès, il faut avoir franchi les portes du « club » qui organise l'exclusion à l'égard des autres consommateurs ;

– les biens mixtes sont non exclusifs, mais rivaux ; ce sont des ressources communes dont on ne peut pas limiter l'accès, mais dont la consommation n'est pas extensible à l'infini.

Ces typologies peuvent évidemment être raffinées à l'infini. On peut facilement coupler cette approche avec la notion d'externalité qui implique que la consommation d'un bien rejaillit sur les possibilités de consommation d'un autre. La notion de production jointe fait partie aussi de cette problématique : comme son nom l'indique, elle correspond à l'idée que la production prend la forme d'un assortiment de biens élémentaires qu'il est impossible de dissocier et donc de valoriser individuellement. Tous ces exemples montrent que les coûts sociaux s'écartent des coûts privés, et que la notion même de prix, distinct pour chaque marchandise individuelle, perd de sa signification.

Enfin, on peut introduire les dimensions géographiques et générationnelles pour obtenir une taxonomie plus complexe [2]. Le caractère de bien public peut en effet être évalué selon ses propriétés d'extensibilité et de réversibilité. On distinguera alors les biens publics globaux ou seulement régionaux en fonction de l'étendue de la « sphère » écologique concernée. On peut également distinguer les biens intragénérationnels qui concernent les seuls « consommateurs » actuels et les biens intergénérationnels où le degré d'irréversibilité est suffisant pour que les décisions

1. Jean-Jacques Gabas et Philippe Hugon, « Les biens publics mondiaux et la coopération internationale », *L'Économie politique*, n° 12, 2001, http://gesd.free.fr/gabugon.pdf.

2. Todd Sandler, « Intergenerational public goods : strategies, efficiency, and institutions », *in* Inge Kaul, Isabelle Grunberg et Marc Stern, *Global Public Goods*, *op. cit.*

prises aujourd'hui aient un effet sur la situation des générations à venir.

L'intérêt de ces typologies est de faire l'inventaire de toutes les situations qui conduisent à des « défaillances » du marché. Mais leur portée est cependant limitée puisque cette démarche se borne à baliser l'espace des besoins en affirmant la légitimité d'un espace non marchand en fonction de propriétés incompatibles avec la logique marchande. Cela revient à considérer que les biens publics sont en quelque sorte des exceptions à un principe général.

Il faudrait aller plus loin et renverser la charge de la preuve en prenant les choses à l'envers : quels éléments la société est-elle prête à laisser au libre jeu du marché ? De technico-économique, la délimitation entre marchand et non-marchand devient alors une question politique. Prenons par exemple la santé. Est-ce un bien public ou une marchandise ? Dans la pratique, les réponses apportées sont différentes : la santé est plutôt privée aux États-Unis et plutôt publique en France. Dans l'un et l'autre cas, il s'agit de choix de société et non d'une adéquation plus ou moins grande aux caractéristiques de ce bien. Là encore, le calcul économique marchand s'oppose à la logique des besoins et on retrouve cette opposition dans la littérature théorique, dominée par le débat qui porte sur la question de savoir si la santé est un bien « supérieur » (*luxury good*). « De tels biens sont ceux dont la consommation croît plus vite que le revenu ; or, à moyen terme, c'est clairement le cas de la santé. En d'autres termes, l'aspiration à la santé serait l'expression d'un besoin social profond qui chercherait à se frayer la voie contre toutes les résistances, institutionnelles et financières [1]. »

UN AUTRE CALCUL ÉCONOMIQUE

Tout le monde a aujourd'hui bien compris que le PIB ne mesure pas le bonheur ni le bien-être, ce qui revient un peu à enfoncer une porte ouverte. On part donc à la recherche de nouveaux indicateurs. Depuis plusieurs années, le PNUD (Programme des Nations unies pour le développement) s'inspire des travaux

1. Michel HUSSON, « La santé, un bien supérieur ? », art. cit.

d'Amartya Sen pour calculer un indicateur synthétique de développement humain (IDH) qui corrige le PIB à l'aide d'indicateurs qualitatifs comme l'espérance de vie, la mortalité infantile, l'égalité hommes-femmes (depuis peu), etc. On constate notamment que le classement des pays peut différer assez largement, selon qu'on examine le PIB ou l'IDH. Plus récemment a été constituée une commission « sur la mesure de la performance économique et du progrès social » qui a rendu un rapport faisant référence [1]. Tout cela change agréablement des délires comptables de la théorie dominante, mais ne s'en démarque pas complètement.

Le rapport Stiglitz-Fitoussi-Sen reprend en effet à son compte le concept d'« épargne nette ajustée », élaboré par la Banque mondiale. Il cherche à corriger le PIB, notamment en en déduisant la consommation de certaines ressources naturelles ainsi que les dommages liés aux émissions de gaz à effet de serre. Mais le calcul de ce PIB « vert » suppose que l'on puisse convertir en dollars ou en euros les éléments que l'on soustrait. On se retrouve encore dans l'impasse qui consiste à vouloir donner un prix à ce qui n'en a pas. Faudrait-il, en poussant cette logique à l'absurde, donner un prix à la mortalité infantile de manière à pouvoir soustraire la « valeur » des enfants morts du chiffre d'affaires de l'industrie chimique ? C'est sinistre et incohérent. Le PIB mesure les activités qui font l'objet d'opérations ou de transferts monétaires. Il est contradictoire de lui demander de mesurer la qualité de vie alors même que l'on défend l'idée que cette qualité n'a pas de prix.

Il faut aller plus loin et soumettre le calcul économique à une rationalité supérieure pour le ramener au rang de « technique économique ». Précisons un peu ce point autour de l'articulation entre les objectifs et les moyens parce que l'économie marchande capitaliste renverse l'ordre des priorités. Le principe d'économicité consiste à minimiser l'effort nécessaire pour atteindre un résultat donné et son domaine devrait être limité à cela. Or il existe aujourd'hui une détermination inverse où, par un *feedback* absurde, le principe d'économicité se mêle de trier entre les fins admissibles. Cette perversion n'est pas imposée de

1. Joseph Stiglitz, Amartya Sen et Jean-Paul Fitoussi, *Rapport de la Commission sur la mesure des performances économiques et du progrès social*, 2009, http://bit.ly/stifitou.

l'extérieur à la société, mais résulte d'une organisation sociale très profondément biaisée.

De ce point de vue, le calcul coût-bénéfice n'est qu'un piètre succédané au débat démocratique. Plus profondément, le capitalisme est un obstacle à une pleine extension de la démocratie sociale. Car c'est, encore une fois, un calcul économique marchand ou pseudo-marchand sur lequel on s'appuie pour « révéler » les priorités de la société. Un tel détour revient à nier l'existence de deux rationalités différentes, de deux principes d'efficacité qui n'ont aucune raison de conduire aux mêmes décisions. Prenons l'exemple des médicaments contre le sida. Selon que l'objectif est de maximiser le profit de l'industrie pharmaceutique ou le nombre de patients traités, le modèle économique ne sera pas le même. Fonds privés, brevets et prix élevés rentabilisant l'investissement dans un cas ; fonds publics et mise à disposition tarifée en fonction du pouvoir d'achat des patients dans l'autre cas. Mais aucun principe abstrait d'économicité ne permet de choisir entre ces deux modèles.

La marginalisation du modèle solidaire au profit du calcul marchand s'appuie ainsi sur des constructions théoriques où une anthropologie individualiste occupe une place centrale. Pourtant, des pans entiers de l'activité humaine échappent à ce schéma d'analyse et leur négation introduit une sous-estimation systématique de tous les effets indirects des décisions individuelles. En prenant ainsi un peu de recul, on s'aperçoit que cette théorie économique est un champ de ruines, criblé de théorèmes d'impossibilité et autres paradoxes. Même si l'offensive néolibérale cherche à regagner ses positions perdues, une proportion importante de l'activité humaine obéit encore à des décisions qui échappent au moins en partie à un pur calcul de rentabilité : heureusement pour notre santé, notre éducation et notre protection sociale. Le capitalisme a été progressivement contraint à un progrès social qui implique forcément un certain degré de démarchandisation. Aujourd'hui, il cherche à faire tourner à l'envers la roue de l'histoire humaine et cette logique est porteuse de régression sociale.

Bibliographie choisie

GALBRAITH James Kenneth, *L'État prédateur*, Paris, Seuil, 2009.

KUTTNER Robert, *Everything for Sale. The Virtues and Limits of Markets*, Chicago, University of Chicago Press, 1999.

6. LE CAPITALISME PEUT-IL SE METTRE AU VERT [1] ?

« Quiconque pense qu'une croissance exponentielle peut continuer indéfiniment dans un monde fini est soit un fou, soit un économiste. »

Kenneth BOULDING, 1966.

Les gains de productivité réalisés par le capitalisme ont été permis par l'accumulation du capital et par le progrès technique. Mais ils n'auraient pas été possibles sans charbon, sans électricité et sans pétrole. Les révolutions technologiques qui scandent l'histoire du capitalisme correspondent d'ailleurs en grande partie à la découverte et à la mise en œuvre de nouvelles sources d'énergie.

UNE USINE À GAZ

Le développement du capitalisme est donc associé à des émissions croissantes de CO_2. Le parallélisme est frappant, comme le montre le graphique 2. Entre 1850 et 2007, la productivité (mesurée ici par le PIB mondial par habitant) a été multipliée par 9,5. Sur cette même période, les émissions globales de CO_2 ont été multipliées par 155, passant de 54 millions de tonnes à 8 365. Si on rapproche ces deux évolutions, on retrouve bien les grandes périodes d'évolution de la productivité.

1. Ce chapitre reprend et développe l'article « Un capitalisme vert est-il possible ? », *Contretemps*, n° 1, janvier 2009, http://hussonet.free.fr/capivert.pdf.

Graphique 2. Productivité et émissions de CO_2 au niveau mondial

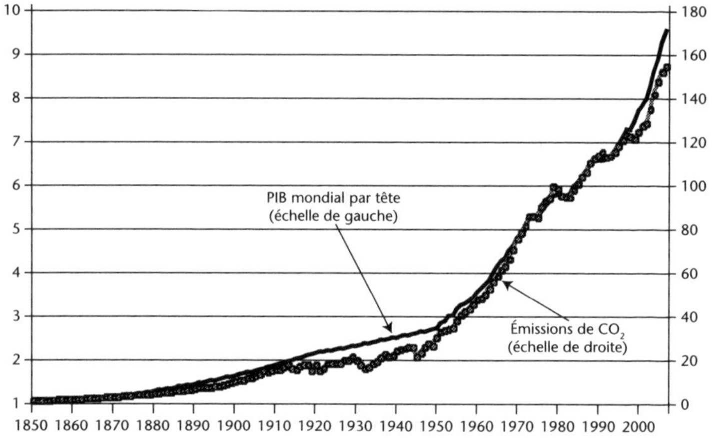

Base 1 en 1850.
Sources : Angus Maddison, *Historical Statistics of the World Economy*, http://tinyurl.com/amaddiv ; CDIAC (Carbon Dioxide Information Analysis Center), http://tinyurl.com/cdiac06 ; NOAA (National Oceanic & Atmospheric Administration), http://tinyurl.com/noastat/.

Entre 1850 et 1950, la productivité mondiale a été multipliée par 2,7, soit une augmentation de 1 % par an. Les trente glorieuses (1950-1973) correspondent à une croissance exceptionnelle de la productivité mondiale, avec 2,9 % par an, puis la crise du fordisme conduit à un net ralentissement des gains de productivité. Cependant, sur la dernière décennie, la productivité mondiale repart à un rythme élevé, tirée par la croissance des pays émergents, et les émissions de CO_2 ont plutôt tendance à repartir à la hausse (tableau 7).

Tableau 7. Productivité mondiale et émissions de CO_2

Croissance moyenne en %	*PIB par tête*	*CO_2*
1850-1950	1,0	3,5
1950-1973	2,9	4,6
1973-1999	1,4	1,4
1999-2007	3,0	2,9

Sources : voir graphique 2.

On pourrait établir un lien similaire avec la croissance, mais la productivité est un meilleur indicateur de performance du capitalisme. Quoi qu'il en soit, le résultat est clair : ces performances du capitalisme n'ont pu être acquises qu'au moyen de dépenses croissantes d'énergie et ont donc contribué à une concentration accrue de CO_2 dans l'atmosphère. Toute la question est alors de savoir si ce lien peut être rompu. Le capitalisme peut-il atteindre les objectifs de réduction des émissions fixés par les scientifiques du GIEC (Groupe d'experts intergouvernemental sur l'évolution du climat) « à sa manière », autrement dit en utilisant des solutions marchandes ? Bref, un capitalisme vert est-il possible ?

Les émissions de CO_2 sont un exemple parfait des imperfections du marché. Tout se passe en somme comme si la pollution était gratuite, puisque les effets externes de la production ne sont pas pris en compte dans le calcul économique. Les solutions dites marchandes consistent à « internaliser » ces effets, en

donnant un prix à ce qui n'en avait pas. Sous ce label, on peut regrouper les écotaxes ou les permis d'émission qui ont en commun d'envoyer des signaux-prix censés modifier les comportements des entreprises et des ménages dans la direction souhaitée.

Ce choix évacue *a priori* une autre méthode qui introduirait des objectifs de volume d'émissions à ne pas dépasser, auxquels la production et les dépenses d'énergie devraient s'ajuster. Mais il s'agit d'une forme de planification à laquelle le capitalisme ne saurait se plier. Les marchés de permis d'émission sont parfois présentés comme un substitut à ce type de planification, permettant de répartir rationnellement les baisses d'émissions en fonction de la difficulté relative, selon les secteurs, d'une telle réduction. Mais il s'agit malgré tout de logiques différentes, notamment parce qu'il existe, avec les permis d'émission, de nombreuses possibilités de « fuites de carbone », autrement dit de transferts de productions polluantes vers les pays du Sud.

QUE PEUT L'ÉCOTAXE ?

Existe-t-il un scénario permettant de viser les objectifs de référence (par exemple, ceux du GIEC) à partir d'instruments marchands, autrement dit par un pilotage par les prix d'un capitalisme qui continuerait par ailleurs à fonctionner selon ses propres critères ? Dans l'abstrait, oui. Il repose sur les mécanismes suivants :

1) une écotaxe (ou un système de permis d'émission, ce qui revient au même à ce degré de généralité) est mise en place, ce qui revient à renchérir le prix relatif de l'énergie ;

2) en augmentant le coût de l'énergie, l'écotaxe rentabilise des méthodes de production plus économes en énergie ou de nouvelles sources d'énergie, et incite les entreprises à les adopter ;

3) ces nouveaux processus productifs requièrent éventuellement un surcroît de capital fixe couvert en tout ou partie par les recettes tirées de la taxe ;

4) l'augmentation des coûts de production peut être en partie compensée par une baisse d'impôts ou de cotisations sociales.

Ce schéma ne rompt pas avec l'optimisme fondamental de la théorie économique dominante, ni avec sa méthodologie. Il suffit d'introduire dans la fonction de production ce nouveau « facteur de production », l'énergie, à côté du travail et du capital. Le postulat implicite est qu'il existe une substituabilité suffisante entre l'énergie et les autres facteurs de production. Autrement dit, en modifiant le coût relatif des facteurs – en l'occurrence, en augmentant le prix de l'énergie –, on va inciter les entreprises à utiliser des combinaisons productives plus économes en énergie.

Ce scénario n'est compatible avec la logique du capitalisme qu'à trois conditions. La première est que ce « capitalisme vert » ne doit pas entraîner une baisse du taux de profit. Il faut ensuite que ce nouveau cours définisse un régime d'accumulation cohérent : débouchés, configuration de l'économie mondiale, organisation de la concurrence. Enfin, la troisième question est plus transversale et concerne les modalités de passage du capitalisme néolibéral à un hypothétique capitalisme vert.

Sur le premier point, un régime d'accumulation « vert » garantissant le maintien du taux de profit est virtuellement possible à condition de supposer une efficacité suffisante des investissements verts en termes de baisse de l'intensité énergétique. Admettons pour l'instant que ce rendement soit suffisant pour que la rentabilité ne soit pas écornée, les économies d'énergie compensant à terme le coût des investissements.

Mais la question de la transition se pose de toute manière. Il faut distinguer deux phases : celle de l'*amorçage* qui correspond à l'introduction de la taxe, et celle de la *montée en puissance des effets compensateurs* qui assure la stabilisation du taux de profit à un niveau suffisamment élevé. Dans la phase d'amorçage, le taux de profit ne peut être maintenu que par une baisse des salaires, des cotisations sociales ou des impôts payés par les entreprises puisque l'introduction de nouvelles techniques de production plus efficaces nécessite un certain délai. Mais une éventuelle compensation réduit d'autant le caractère incitatif de la taxe. Si elle tend à se faire entreprise par entreprise, donc au prorata de leur dépense en énergie, l'effet incitatif est nul. Si la compensation est réalisée au niveau global, on modifie alors la structure sectorielle des taux de profit : le taux de profit baisse dans les entreprises qui consomment beaucoup d'énergie, mais se maintient, voire s'élève, dans les branches moins voraces. L'effet incitatif n'est pas supprimé, mais amoindri d'autant. C'est ainsi qu'on peut comprendre la difficulté à introduire une écotaxe, en France, par exemple, où elle a été rendue impossible par la généralisation absurde des exemptions.

La contradiction entre l'efficacité d'une écotaxe et la contrainte de rentabilité propre au capitalisme est donc difficile à surmonter. L'écotaxe ne peut fonctionner que si elle pèse effectivement sur les entreprises à forte intensité énergétique à travers un *choc initial de rentabilité*. Les ressources procurées par l'écotaxe devraient, durant cette première phase, être consacrées par l'État qui en est le bénéficiaire à des programmes publics d'investissement vert. Mais cette distorsion des taux de profit s'oppose au fonctionnement « naturel » du capitalisme.

Il ne faut jamais oublier non plus que le capitalisme est un système fondé sur la concurrence entre « capitaux nombreux ». Concrètement, cela veut dire qu'il faut envisager un système d'incitations permettant de doper certains secteurs du capitalisme au détriment d'autres secteurs et d'insuffler ainsi une dynamique d'ensemble. Les secteurs producteurs de biens de capital verts seraient les moteurs de ce nouveau dynamisme en bénéficiant d'un taux de profit supérieur, tiré par des débouchés croissants. Mais cette représentation est en grande partie une fiction qui oublie la loi de la valeur, autrement dit le principe selon lequel des taux de profit plus élevés obtenus par certains secteurs sont compensés par des taux de profit inférieurs dans les autres secteurs. On déboucherait alors sur un schéma de reproduction déséquilibrée, où une section produisant des biens de production verts croîtrait plus vite que le reste de l'économie, en captant une partie croissante de la plus-value créée dans la section produisant des biens de consommation. Un tel schéma n'est pas stable et doit se résoudre en une baisse relative des coûts du travail : là encore, on retrouve la répartition des revenus comme variable d'ajustement.

Une voie de sortie pourrait être une accélération de la productivité dans les secteurs verts. Ces gains de productivité ne seraient pas redistribués aux salariés, mais répartis entre les différents secteurs à travers les mécanismes de prix relatifs. Mais il est difficile d'imaginer qu'un moindre recours aux technologies « sales » permettrait d'économiser du travail direct à un rythme supérieur à ce qu'il est aujourd'hui. On peut vraisemblablement postuler le contraire.

Cette hypothétique transition à un capitalisme vert impliquerait une double transformation : d'une part dans la nature même des marchandises, passant encore une fois par l'incorporation de coûts supplémentaires et, d'autre part, dans un changement des méthodes de production. Dans les deux cas, on voit mal comment la quantité de travail incorporé dans les nouveaux biens de consommation et d'investissement tendrait à baisser plus vite qu'auparavant. En règle générale, les produits les plus « propres » sont plus chers, reflétant une dépense de travail supplémentaire. Même si ce différentiel était progressivement réduit par la montée en puissance des nouvelles technologies, il est difficile d'imaginer comment les économies de travail « vivant » pourraient s'accélérer de manière à compenser l'augmentation des dépenses de travail « mort » incorporées dans les nouvelles technologies.

Parmi l'abondante littérature qui traite de cette incompatibilité *a priori* entre objectifs environnementaux et principe de concurrence, certains auteurs mettent clairement en évidence une contradiction possible entre efficacité environnementale et efficacité économique. Ce conflit est particulièrement net quand « les firmes les plus efficaces pour produire sont les plus polluantes [1] ». Les solutions marchandes peuvent alors conduire à des effets pervers : « Si la firme efficace est plus polluante que sa rivale, l'introduction d'une taxe sur les émissions peut engendrer une hausse de la part de marché de la firme inefficace » et, dans ce cas, « la production de la firme efficace baisse toujours avec la taxe alors que la production de la firme inefficace peut augmenter ». Cette même étude montre au contraire qu'une « norme de procédé qui porte exclusivement sur les choix d'investissement des pollueurs [...] présente une propriété de neutralité sur la

1. Maia David, « Politique environnementale et politique de la concurrence », *Économie et Prévision*, n° 178-179, 2007, http://gesd.free.fr/a125138.pdf.

ET VOTRE ARBRE QUI PRODUIT NATURELLEMENT DES PORTABLES, VOUS L'ARROSEZ COMMENT ?
AVEC DES MENSONGES ET DES POTS-DE-VIN…

concurrence ». C'est reconnaître la rationalité supérieure d'une gestion par les quantités (normes de procédés) par rapport à une gestion par les coûts (écotaxe). Ce résultat met à mal le postulat théorique néolibéral selon lequel les solutions marchandes (écotaxe ou marché des permis d'émission) conduiraient à une affectation optimale des ressources du point de vue environnemental : la soumission aux lois de la concurrence montre au contraire que des effets pervers, propres aux règles du jeu capitaliste, viennent réduire l'efficacité de telles mesures.

La nouvelle norme introduite par l'écotaxe ou le marché des permis d'émission doit être établie à l'échelle planétaire, sous peine de « fuites de carbone », autrement dit de délocalisations des industries les plus polluantes vers des pays moins exigeants. C'est d'ailleurs ce qui se passe déjà avec la mondialisation : les pays riches freinent leurs émissions d'énergie en partie parce qu'ils font produire ailleurs une partie croissante des biens qu'ils consomment. L'Insee vient de faire les calculs pour la France [1] : en 2005, les émissions de CO_2 induites par l'activité économique sur le territoire français se montaient à un peu plus de 400 millions de tonnes. Mais si l'on tient compte des importations et des exportations, les émissions de CO_2 induites par la demande finale intérieure française se montent à près de 550 millions de tonnes. En sens inverse, le même type de calcul montre que 23 % des émissions de CO_2 de la Chine correspondaient à ses exportations nettes [2].

On pourrait imaginer une issue partielle à ces contradictions qui passerait par la croissance des débouchés offerts par les pays émergents. Le bouclage se ferait de la manière suivante : les pays avancés vendraient de la technologie verte aux pays émergents et leur achèteraient les marchandises à bas prix produites de manière croissante avec ces nouvelles technologies. Mais cela suppose que soit instaurée une instance de régulation à l'échelle mondiale. Toutes les questions soulevées précédemment, notamment à propos de la concurrence, se déploient à l'échelle du marché mondial. De plus, le renchérissement du coût de

1. Fabrice LENGLART, Christophe LESIEUR et Jean-Louis PASQUIER, « Les émissions de CO_2 du circuit économique en France », Insee, 2010, http://gesd.free.fr/ecofra10e.pdf.

2. Wang WATSON, « Who owns China's carbon emissions ? », *Briefing Note*, n° 23, Tyndall Centre for Climate Change Research, 2007, http://gesd.free.fr/wangwats.pdf.

l'énergie va augmenter les coûts de transport et ralentir le degré d'intensification des échanges qui contribue aux baisses de coûts. Là encore, on voit apparaître une contradiction entre l'objectif de profit maximum et celui de réduction des dépenses d'énergie.

L'obtention d'un taux de profit potentiellement élevé est une condition nécessaire mais non suffisante de la mise en place d'un régime d'accumulation cohérent. Il faut encore que la structure de la demande soit adéquate. Se pose alors la question de la reproduction : comment écouler la production verte ? Le profit doit en effet être réalisé, autrement dit la production doit être vendue. L'« ordre productif » associé à une nouvelle phase expansive doit également traiter cette question des débouchés.

Sur ce point, le « capitalisme vert » ne peut qu'enregistrer des difficultés supplémentaires. Du côté de la demande, la volonté de maintenir le taux de profit par un ajustement sur les salaires va tendre à rétrécir la demande salariale disponible. Du côté de l'offre, sa composition va changer, au moins transitoirement, dans le sens d'une croissance plus rapide de la section « verte » des moyens de production qui devrait trouver des débouchés dans les investissements verts réalisés par les autres branches. La viabilité d'un tel schéma avec autocroissance de la production des biens d'investissement n'est pas durable et on retrouve ici le risque que la croissance du capital fixe vienne peser sur la rentabilité.

Par ailleurs, le prix des marchandises vertes aura tendance, au moins dans un premier temps, à augmenter et donc à réduire la capacité d'absorption de la demande salariale. Elle conduira aussi à réorienter la demande vers des services moins coûteux en énergie, mais moins susceptibles de gains de productivité élevés et donc de profits. De manière encore plus importante, la logique de réduction des dépenses d'énergie devrait conduire à la fabrication de biens « durables » et à un ralentissement de la vitesse de circulation du capital. Mais celle-ci est contradictoire avec le soutien au taux de profit qui passe aujourd'hui par le raccourcissement de la durée de vie des biens produits.

LES LIMITES D'UN CAPITALISME VERT

L'approche libérale est fondamentalement optimiste. Elle considère par exemple que l'épuisement des ressources fossiles ne constitue pas une véritable menace. Si l'augmentation du prix du pétrole continue, elle va finir par rendre rentables des gisements qui ne le sont pas au prix actuel – voire susciter la découverte de nouveaux gisements – ou encore rendre rentables de nouvelles sources d'énergie. En admettant qu'il puisse fonctionner, ce scénario optimiste réglerait jusqu'à un certain point la question de la disponibilité des ressources ; mais il n'apporte aucune réponse au problème du coût supplémentaire et de la ponction qu'il exerce sur le taux de profit.

L'optimisme libéral invoque alors ce que l'on pourrait appeler le « pari néoclassique » en matière de méthodes de production. Il postule une sorte de théorème d'existence selon lequel on peut toujours trouver, pour un système de prix donné, une méthode de production disponible qui permette de ne pas augmenter le coût global de production. Mais il n'y a aucune raison de compter sur un flux ininterrompu d'innovations techniques adéquates aux exigences du capital pour n'importe quel niveau

d'économie d'énergie. Rien ne garantit que l'économie réalisable du côté des dépenses d'énergie compense automatiquement le surcroît d'investissement nécessaire à réaliser ces économies. On peut admettre que les gains de productivité liés à l'échelle de production permettront de faire baisser le prix des nouveaux équipements verts, mais on ne peut affirmer que ce sera dans une proportion suffisante pour annuler à terme ces coûts supplémentaires. Dans ces conditions, la variable d'ajustement risque à nouveau d'être trouvée du côté des salaires.

En admettant la viabilité d'un capitalisme vert, définie au regard des critères capitalistes, rien ne garantit par conséquent qu'elle est adéquate aux objectifs d'économie d'énergie fixés par ailleurs. Autrement dit, le cheminement capitaliste va forcément raisonner à la marge, par tâtonnement et expérimentation empirique des réactions aux incitations, bref à l'aveuglette. Le point d'arrivée qui serait la généralisation de nouvelles techniques garantissant le maintien du taux de profit n'existe pas forcément et, dans la logique capitaliste, on ne peut s'en approcher que progressivement. On retrouve là une caractéristique essentielle du capitalisme qui est l'inversion des moyens et des fins. C'est le respect des contraintes propres au capitalisme – qui ne devraient être que des moyens – qui détermine les objectifs que l'humanité a le droit de se fixer. Autrement dit, l'intensité énergétique ne pourra baisser que jusqu'au point où cette baisse constitue une menace pour le taux de profit, même si les objectifs environnementaux nécessiteraient d'aller au-delà.

Le modèle de « capitalisme vert » examiné ici a en effet été défini à partir de l'introduction d'une écotaxe, mais sans préciser quel est l'objectif fixé en termes d'économie d'énergie. Or, selon toute vraisemblance, le rendement des innovations est décroissant au-delà d'un certain seuil. Dans un premier temps, on peut postuler que l'introduction de technologies vertes permet des économies d'énergie dont le volume est équivalent à celui de l'écotaxe et des dépenses supplémentaires en capital. Mais, au-delà d'un certain seuil, ce rendement décroît, en ce sens que le coût net d'une économie supplémentaire d'énergie augmente et que le taux de profit baisse en conséquence.

Bref, s'il est possible d'imaginer un « capitalisme vert » compatible avec une certaine dose d'économie d'énergie, rien ne garantit que celle-ci soit suffisante pour une réelle maîtrise de l'environnement. C'est de ce point de vue qu'il faudrait examiner les rapports de référence qui reposent tous sur une hypothèse extrêmement optimiste de non-linéarité. Ils évaluent en effet le coût total de la réduction des émissions en multipliant le coût actuel de réduction d'une tonne de CO_2 par la quantité totale de réduction fixée comme objectif. Mais les procédés que l'on peut introduire à moindre coût aujourd'hui risquent de se révéler impossibles à mettre en œuvre – ou se révéler beaucoup plus coûteux – à plus grande échelle. Ted Trainer insiste particulièrement sur les limites physiques, plutôt qu'économiques, à l'extension possible des procédés disponibles et en conclut à la non-soutenabilité de la société de consommation [1].

1. Ted Trainer, *Renewable Energy Cannot Sustain a Consumer Society*, Dordrecht, Springer, 2007 ; voir aussi « A short critique of the Stern review », *Real-World Economics Review*, n° 45, mars 2008, http://tinyurl.com/Trainer8.

CROISSANCE LIMITE

Un moyen plus direct de mesurer les limites d'un capitalisme vert est de raisonner directement sur le lien entre croissance du PIB et émissions de CO_2. Appelons *intensité-CO_2* le volume d'émission de CO_2 par unité de PIB. L'équation est alors simple : les émissions d'une année s'obtiennent en multipliant le PIB par l'intensité-CO_2. Pour réduire les émissions, il n'y a donc que deux moyens : ralentir la croissance et/ou baisser son intensité-CO_2.

Le graphique 3 décrit comment a évolué sur longue période cette intensité-CO_2, calculée au niveau mondial. Elle augmente exponentiellement tout au long du XIXe siècle et atteint son maximum à la veille de la Première Guerre mondiale. Puis elle se met à baisser, avant de remonter après la crise des années 1930, et se stabilise à un niveau élevé au cours des trente glorieuses. À partir du choc pétrolier de 1973, l'intensité-CO_2 se met à baisser assez rapidement pour retrouver aujourd'hui le niveau enregistré en 1880. Entre 1970 et 2007, le PIB mondial a progressé au rythme annuel de 3,5 %, alors que les émissions de CO_2 n'ont augmenté « que » de 2 % par an. L'intensité-CO_2 a donc baissé à un rythme annuel de 1,5 %.

Une telle évolution peut inciter à l'optimisme, puisqu'on émet de moins de moins de CO_2 pour produire une unité de PIB

Graphique 3. Intensité-CO_2 1750-2007 et projections 2007-2100

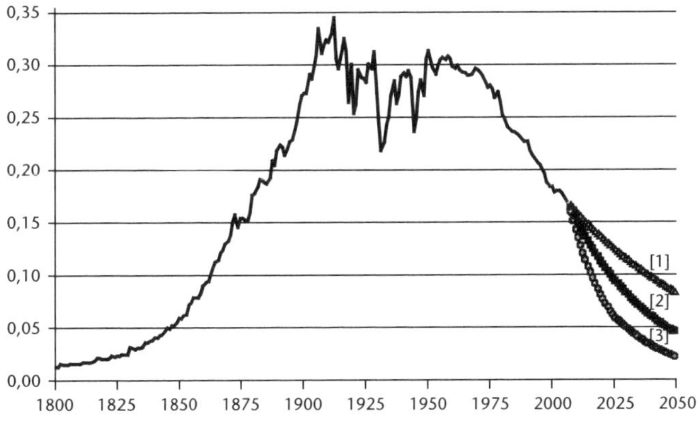

1. Baisse de 1,5 % par an. 2. Baisse de 3 % par an. 3. Baisse de 4,5 % par an.
Sources : voir graphique 2.

mondial. Toute la question est de savoir si cela suffit pour atteindre les objectifs de réduction de CO_2 fixés par le GIEC. L'objectif plancher est une réduction de 50 % des émissions entre 2000 et 2050. Il correspond à une stabilisation de la concentration de CO_2 à 490 ppm et un réchauffement de 2,4 °C. L'objectif plus ambitieux vise une réduction de 85 % des émissions qui permettrait de stabiliser la concentration à 450 ppm et de réduire à 2 °C le réchauffement. Les émissions de CO_2 devraient donc baisser respectivement de 2,1 % et 4,8 % chaque année, alors qu'elles n'ont jamais cessé d'augmenter jusqu'ici (en tout cas avant la crise).

Un calcul simple permet alors d'évaluer la tension entre la croissance et l'objectif de réduction de CO_2. Supposons que la croissance mondiale ralentisse progressivement pour croître à un rythme de 2 % à partir de 2025 (contre 3,5 % au cours des quarante dernières années). C'est une hypothèse relativement « optimiste » compte tenu du rythme de croissance imprimé au PIB mondial par les pays émergents. Pour réduire de moitié les émissions d'ici à 2050, il faudrait alors que l'intensité-CO_2 soit divisée par 7 entre 2010 et 2050, autrement dit qu'on puisse produire en 2050 1 dollar de PIB avec 7 fois moins de CO_2 qu'aujourd'hui. Cela équivaut à une baisse annuelle de 4,5 %, trois fois plus rapide que celle que l'on observe depuis quarante ans. On voit très mal comment une telle accélération serait rendue possible.

Prenons les choses dans l'autre sens, en raisonnant sur l'intensité-CO_2. On fera deux hypothèses simples : la baisse au même rythme que celui des quarante dernières années, soit 1,5 % par an et une baisse deux fois plus rapide (3 % par an). On peut considérer que même la première hypothèse est optimiste en ce sens qu'elle postule l'absence de « rendements décroissants » de la réduction de l'intensité énergétique. On pourrait au contraire considérer que cette réduction sera de plus en plus difficile et que les premières tonnes de CO_2 sont les plus faciles à économiser. Avec ce calibrage, l'intensité énergétique retrouverait à la fin du siècle son niveau du début de la révolution industrielle.

Le tableau 8 résume les résultats de cette simulation, certes simpliste, mais qui donne des ordres de grandeur. L'idée générale qui en ressort est que la réalisation des objectifs du GIEC est incompatible à des degrés divers avec la poursuite de la croissance[1]. Dans le scénario le plus exigeant en matière de réduction d'émissions (– 85 %) et sans accélération de la tendance à la baisse de l'intensité-CO_2, il faudrait que le PIB mondial baisse de 3,3 % par an, soit de 77 % entre 2007 et 2050 ! Le scénario avec un objectif de réduction de 50 % et une baisse accélérée de l'intensité-CO_2 est compatible avec une croissance positive du PIB mondial de 0,9 %, mais celle-ci est largement inférieure à la tendance observée sur les dernières décennies.

Tableau 8. Croissance du PIB compatible avec la réduction des émissions

Baisse de l'intensité-CO_2	*Objectif de réduction d'émissions*	
	– 50 %	*– 85 %*
	(– 2,1 % par an)	*(– 4,8 % par an)*
– 1,5 % par an	– 0,6 %	– 3,3 %
– 3,0 % par an	+ 0,9 %	– 1,8 %

LE CAPITALISME VERT EST UN OXYMORE

Une chose est donc à peu près certaine : les objectifs de réduction des émissions de CO_2 sont hors d'atteinte dans un cadre capitaliste, en raison d'une double contrainte. L'internalisation des coûts liés aux émissions de CO_2 est limitée par l'exigence de rentabilité et le ralentissement de la croissance se heurterait à la logique de concurrence et d'accumulation sans fin.

Le scénario du capitalisme vert suppose que l'on impose au capitalisme des règles qui lui sont totalement étrangères. Sur bien des points, un tel scénario entre en contradiction avec les mécanismes fondamentaux de ce mode de production. L'introduction massive d'une écotaxe perturberait profondément le principe de concurrence entre capitaux individuels, elle freinerait la rotation du capital et ne déboucherait pas sur une structuration stable de l'économie mondiale. Fondamentalement, l'hypothèse du capitalisme vert suppose un « choc exogène » brutal qui viendrait bouleverser profondément la configuration actuelle du capi-

1. Ces calculs s'inspirent d'une étude qui conduit à des résultats qualitativement comparables. Voir Minqi Li, « Climate change, limits to growth, and the imperative for socialism », *Monthly Review*, juillet-août 2008, http://gesd.free.fr/minqili.pdf.

talisme. Elle suppose en outre l'existence d'une instance planétaire assurant un degré accru de centralisation et l'édiction de normes mondiales qui vont, encore une fois, à l'encontre de l'essence concurrentielle du mode de production capitaliste.

Le capitalisme vert est donc un oxymore. L'hypothèse d'un tel régime d'accumulation repose sur une mauvaise compréhension des lois du capitalisme et sur une surestimation de sa capacité à faire face de manière rationnelle aux défis environnementaux. Cette conclusion négative permet de pointer les spécificités d'une alternative écosocialiste. Elle implique une planification à l'échelle mondiale et une remise en cause des modes de production et de consommation adéquats à la logique capitaliste. En termes économiques, cette alternative revendique une baisse significative du taux de surplus social ou en tout cas une transformation profonde de son contenu. Pour ne prendre qu'un exemple, la durabilité accrue des biens de consommation est en soi un facteur de baisse de la rentabilité.

Ce qui est en revanche possible, c'est le « verdissement » du capitalisme, c'est-à-dire la croissance plus rapide de secteurs

produisant de nouvelles sources d'énergie, améliorant la qualité thermique des logements, etc. Un certain nombre de gouvernements parient sur le rôle moteur que pourraient jouer de tels secteurs, et l'on peut analyser une grande partie des dépenses consacrées à la lutte contre le réchauffement comme autant de subventions à leur développement. Mais, pour toutes les raisons indiquées, ce développement admettrait comme condition et comme limite leur compatibilité avec la logique du profit.

Bibliographie choisie

FREEMAN Chris et LOUÇÃ Francisco, *As Time Goes By. From the Industrial Revolutions to the Information Revolution*, New York, Oxford University Press, 2002.

JACKSON Tim, *Prospérité sans croissance. La transition vers une économie durable*, Bruxelles, De Boeck, 2010.

TANURO Daniel, *L'Impossible Capitalisme vert*, Paris, Les Empêcheurs de penser en rond/La Découverte, 2010.

7. OÙ MÈNE LA MONDIALISATION ?

> « L'immanente nécessité pour le mode capitaliste de produire à une échelle sans cesse plus grande incite à une extension perpétuelle du marché mondial, de sorte que ce n'est pas ici le commerce qui révolutionne constamment l'industrie, mais c'est le contraire. »
>
> Karl MARX, *Le Capital*, livre III, chapitre 20, 1894.

La montée des pays « émergents » est en train de bouleverser l'agencement de l'économie mondiale. On pourrait parler d'un « effet boomerang » de la mondialisation : certains pays, conçus au départ comme réservoirs de main-d'œuvre bon marché, connaissent une forte croissance de leurs exportations, inondent les marchés des pays développés et « remontent les filières », autrement dit se mettent à produire des biens de haute technologie.

La crise récente a révélé et renforcé ces tendances : les pays émergents ont certes été frappés par la récession (contrairement à la thèse du « découplage »), mais ils récupèrent beaucoup plus vite, tandis que les pays avancés ont du mal à compenser, par les exportations, la faible croissance du marché intérieur [1]. Ce *stress test* grandeur nature confirme la montée en puissance des pays émergents, qui n'est pas un phénomène récent. Entre 1990 et 2005,

1. Voir Michel HUSSON, « La crise et le grand basculement du monde », note n° 12, juillet 2010, http://hussonet.free.fr/fmi3ind.pdf.

la croissance des BRIC (Brésil, Russie, Inde, Chine) a été de 5,2 % par an, contre 2,3 % pour les pays avancés. Au cours des quinze années précédant la crise, on assiste ainsi à un double mouvement : au Nord, les États-Unis creusent l'écart avec l'Europe et le Japon et, au Sud, les pays émergents retrouvent une croissance similaire à celle de l'économie mondiale des années 1960. Pour analyser cette redistribution des cartes et la mettre en perspective historique, il faut cependant distinguer trois, et non deux, grands groupes de pays :

– les pays avancés, qui regroupent ce qu'on appelait la « Triade » : Europe, États-Unis et Japon ;

– les pays émergents [1], représentés ici par les pays « BRIC » ;

– le reste du monde, qui correspond *grosso modo* au tiers monde hors émergents.

Certes, la délimitation de ces catégories de pays est floue, le Japon n'a pas toujours été un pays « avancé », etc., mais les grandes tendances qui se dégagent des travaux historiques, notamment ceux d'Angus Maddison, sont robustes. En 1700, les futurs « émergents » (Chine, Inde et Russie) représentaient la moitié du PIB mondial, tandis que les pays avancés d'aujourd'hui ne pesaient que pour un quart, et le reste du monde pour un autre quart (graphique 4). En 1820, la part des « émergents » a un peu augmenté, au détriment du reste du monde. On peut prendre cette date comme point de départ de l'essor du capitalisme.

À la fin du XIXᵉ siècle, le paysage s'est déjà profondément transformé : les pays avancés représentent plus de la moitié du PIB mondial en 1900. Un demi-siècle plus tard, l'évolution se confirme et les pays « émergents », pris en tenailles entre les pays avancés et le reste du monde, ne représentent plus que 18 % du PIB mondial en 1952. Cette tendance se prolonge jusqu'en 1978, avec un certain rattrapage du reste du monde.

C'est à partir des années 1980 que les évolutions s'inversent clairement : la part des émergents augmente régulièrement au détriment des pays avancés. Les projections réalisées par Angus

1. La délimitation des pays « émergents » est relativement arbitraire. Selon le FMI, cette catégorie regroupe les pays suivants : Afrique du Sud, Argentine, Brésil, Bulgarie, Chili, Chine, Colombie, Estonie, Hongrie, Inde, Indonésie, Lettonie, Lituanie, Malaisie, Mexique, Pakistan, Pérou, Philippines, Pologne, Roumanie, Russie, Thaïlande, Turquie, Ukraine, Vénézuela.

Graphique 4. Répartition du PIB mondial

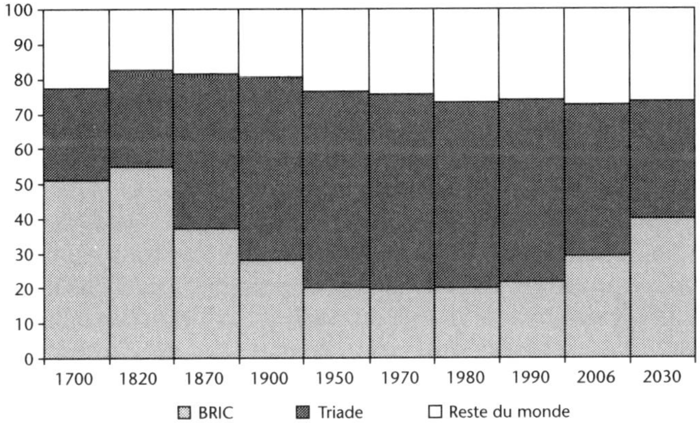

Source : Angus Maddison, *L'Économie chinoise : une perspective historique*, Paris, OCDE, 2007.

Maddison montrent que, à l'horizon 2030, la structure serait la suivante : un tiers pour les pays avancés (34 %), un gros tiers pour les pays émergents (37 %) et un petit tiers (29 %) pour le reste du monde. La Chine est évidemment un élément moteur de ce rééquilibrage : les pays émergents et les pays avancés tendent à retrouver progressivement le poids qui était le leur avant l'émergence du capitalisme, moyennant une présence un peu plus importante du reste du monde.

En même temps, ce diagnostic doit être relativisé parce qu'il faut prendre en compte les rapports de population. En 1700, le PIB de l'Europe et celui de la Chine étaient équivalents ; compte tenu de la taille relative des populations, le niveau de vie par tête en Europe était supérieur de 70 % à celui de la Chine. Aujourd'hui, les écarts sont d'un tout autre ordre de grandeur. En arrondissant, on peut dire que le PIB mondial se ventile en deux parts égales, entre les pays avancés et les autres. Mais la première part revient à un septième de la population mondiale. Nous sommes donc très éloignés de la situation où les pays émergents disposeraient d'une fraction de la production mondiale proportionnelle à leur poids dans la population.

UNE IMBRICATION CROISSANTE

Le découpage par pays est commode, mais passe cependant à côté de la vraie nouveauté de la mondialisation contemporaine. Il y a quelques années, certaines analyses pouvaient encore relativiser le phénomène en faisant observer que l'économie mondiale avait connu des périodes alternées d'ouverture et de repli, mais elles passaient à côté de cette caractéristique inédite et essentielle : la mondialisation productive.

La différence est simple à comprendre. Dans le cas du commerce international, une marchandise est produite dans le pays A, puis exportée vers le pays B. Certes, il existe des mouvements d'investissement du Nord vers le Sud, et la production du pays A peut être le fait de capitaux en provenance du pays B. Mais, avec la mondialisation productive, les réseaux de production et d'échange se complexifient : une marchandise est assemblée dans un pays (ou dans plusieurs) à partir de composants eux-mêmes produits dans d'autres pays, et ensuite vendue dans d'autres pays encore. Pour ne prendre qu'un exemple, les composants de l'iPod d'Apple sont fabriqués au Japon, en Corée et aux États-Unis, assemblés en Chine, avant d'être réexportés aux États-Unis, puis vers le reste du monde.

Concrètement, les marchandises sont dorénavant produites à cheval sur plusieurs pays, et ce phénomène va au-delà d'une simple augmentation des courants d'échange. Ce n'est pas seulement le marché qui devient mondial, mais ce sont les lieux de production qui se déploient et se structurent à une échelle planétaire. Les différents stades de la fabrication d'un produit sont répartis entre plusieurs pays : on parle alors de « décomposition internationale des processus productifs » ou de « chaînes de valeur globale ».

La mondialisation se traduit logiquement par une croissance du commerce international plus rapide que celle du PIB mondial. Entre 1990 et 2008, le commerce en volume a progressé de 5,9 % par an, contre 2,5 % pour le PIB mondial. Cette intensification des échanges concerne particulièrement les biens intermédiaires. Il s'agit des ingrédients (*inputs*) nécessaires à la production des biens finis destinés à la consommation et à l'investissement : matières premières, énergie, produits semi-finis (par exemple, les moteurs des automobiles), mais aussi

MON PORTABLE A ÉTÉ CONÇU AUX ÉTATS-UNIS ...
FABRIQUÉ AU JAPON ...
ASSEMBLÉ EN CHINE ...
OUI, MA CHÉRIE ?
OK, JE PRENDS DU PAIN...
...CHEZ L'ARABE, OUI...

activités de recherche. Ces biens intermédiaires représentent aujourd'hui plus de la moitié du commerce international.

Les multinationales sont les principaux acteurs de ce mouvement : elles réalisent les deux tiers du commerce mondial, dont la moitié est du commerce intrafirmes, entre maison mère et filiales. Les 79 000 firmes transnationales identifiées en 2007[1] disposent de près de 800 000 filiales à l'étranger : elles emploient 82 millions de personnes à travers le monde et produisent environ 11 % du PIB mondial. Ces échanges à l'intérieur des groupes n'obéissent pas à une logique de marché et se font à des « prix de transfert » qui ont le grand avantage de localiser les profits là où ils seront les moins imposés.

Les multinationales localisent les différents segments de la production en fonction des avantages relatifs des différents sites. Les critères pris en compte sont multiples : coût de la main-d'œuvre évidemment, mais aussi qualification de la main-d'œuvre, disponibilité des ressources, qualité des infrastructures, proximité des marchés, etc. Un processus de restructuration quasi permanent est ainsi engagé. Les délocalisations en sont la forme la plus brutale et la plus visible, mais pas forcément la plus importante. Au sens strict, la délocalisation, c'est le remplacement d'une production réalisée dans un pays par une production équivalente réalisée dans un autre pays, soit par une filiale, soit par un sous-traitant étranger. L'approfondissement de la nouvelle division internationale du travail passe plutôt par la « non-localisation » qui correspond au cas où, pour répondre à une demande nouvelle, une entreprise fait appel à une filiale étrangère ou à un sous-traitant étranger. Dans la mesure où il s'agit d'un supplément d'activité, il n'y a pas délocalisation au sens strict. Cela peut prendre également la forme d'investissements élargissant la capacité de production, réalisés à l'étranger plutôt que dans le pays d'origine. La nature de la décision est cependant différente selon la destination de cette nouvelle production. La proximité des marchés peut justifier de produire sur place, tandis que la délocalisation, qui consiste à faire produire à l'étranger ce qui était auparavant produit et vendu dans le pays d'origine, ne peut invoquer une telle justification.

1. Cnuced, *World Investment Report*, 2008, http://tinyurl.com/cnu2008.

La mondialisation de la production est donc portée par l'investissement international. En 2007, les flux totaux d'IDE (investissements directs étrangers) se sont montés à 2 100 milliards de dollars, soit dix fois plus qu'en 1990 [1], mais ces mouvements sont fortement sensibles à la conjoncture, et la crise les fait retomber à 1 100 milliards en 2009. Les IDE correspondent *grosso modo* aux investissements dans la sphère productive. La grande majorité de ces investissements (85 %) provient des pays avancés, même si la part des pays émergents croît régulièrement, ce qui se traduit par une inversion des flux nets (du Sud vers le Nord) et une intégration régionale accrue, notamment en Asie. Cependant, les flux d'IDE restent majoritairement orientés vers les pays

1. CNUCED, *World Investment Report*, 2010, http://tinyurl.com/CNUC2010.

développés. En 2006, les investissements croisés Nord-Nord représentent environ 55 % du total.

Ces mouvements de capitaux jouent un rôle particulièrement important en Europe : sur la dernière décennie (2000-2009), les sorties d'IDE représentent en moyenne 23 % de l'investissement total, contre 9 % aux États-Unis. Si l'on prend en compte les entrées, on constate que ces deux puissances sont exportatrices de capitaux, mais que les flux nets représentent une proportion assez faible de l'investissement domestique, de l'ordre de 4 % pour l'Europe et d'un peu plus de 1 % aux États-Unis.

Il y a bien des moyens de mesurer cette mondialisation, que ce soit par les mouvements de capitaux ou par l'examen concret des flux de production, à travers les délocalisations et la sous-traitance internationale. Parmi tous les indicateurs possibles, le total des avoirs extérieurs comparé au PIB mondial fournit une périodisation très parlante de cette forme de mondialisation (graphique 5) : croissance lente jusqu'au début du XXe siècle, repli dans l'entre-deux-guerres, redémarrage durant les trente glorieuses, puis accélération exponentielle dans la phase néolibérale. La rupture avec les périodes antérieures saute aux yeux : il y a un changement de nature dans la mondialisation.

Graphique 5. Rapport des avoirs extérieurs totaux au PIB mondial

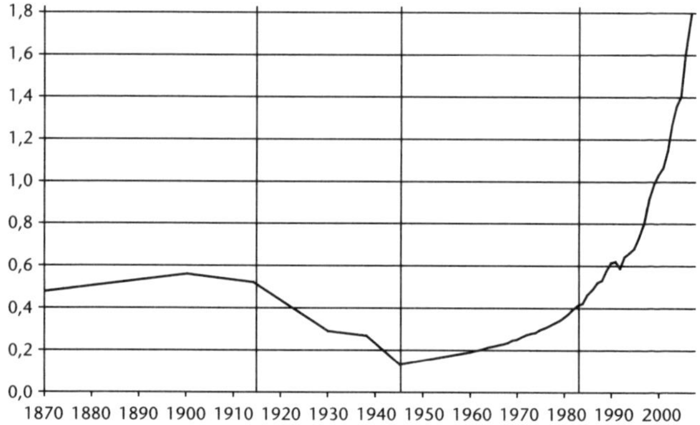

Source : Shimshon Bichler et Jonathan Nitzan, « Imperialism and financialism. A story of a nexus », septembre 2010, http://bnarchives.yorku.ca/294/.

L'AXE CHINE/ÉTATS-UNIS

Le néolibéralisme a vu se mettre en place un modèle de croissance spécifique aux États-Unis [1]. Il reposait sur une croissance de la consommation plus rapide que celle du revenu des ménages. Quand la crise a éclaté, leur taux d'épargne était à peu près nul, ce qui signifie qu'ils en étaient arrivés en moyenne à consommer 100 % de leurs revenus. La demande intérieure tirait la croissance, mais tendait à être structurellement supérieure à la production nationale : cette véritable fuite en avant ne pouvait durer indéfiniment [2]. Ce modèle bancal s'est pourtant installé dans la durée, pour trois raisons essentielles :

– l'illusion financière : le gonflement du patrimoine des ménages en actions ou en immobilier leur donnait l'illusion d'une richesse durable. Ils consommaient en fonction non plus de leur revenu courant, mais de l'accroissement de la valeur (virtuelle) de leur patrimoine : c'est ce que l'on appelle l'effet de richesse ;

– le surendettement généralisé : la consommation était tirée par un recours à l'endettement qui a concerné toutes les catégories de ménages. Ce sont les 20 % de ménages les plus pauvres qui ont le plus augmenté leur endettement (de 90 % entre 2000 et 2007) : c'était le maillon faible du dispositif, le public naturel des *subprimes*. Mais, en masse de crédit, les 20 % des ménages les plus riches ont contribué à eux seuls à la moitié de la progression enregistrée entre 2000 et 2007 [3] ;

– la croissance à crédit : la contrepartie de cette surconsommation a été un déficit commercial croissant qui a pu être couvert par une entrée de capitaux en provenance du reste du monde, et notamment de la Chine.

Bien que d'autres pays ou zones du monde étaient eux aussi concernés par cet arrangement, on peut dire que la mondialisation a été structurée par un axe États-Unis/Chine, ce que certains ont appelé « Chinamerica », voire « Chimerica ». Le modèle de croissance chinois est en effet complémentaire de celui des États-Unis. Avant la crise, on pouvait même soutenir que le couple

1. Michel HUSSON, « États-Unis : la fin d'un modèle », art. cit.

2. Un économiste simplement lucide pouvait énoncer il y a dix ans déjà la liste des sept processus non soutenables ; voir Wynne GODLEY, « Seven unsustainable processes », The Levy Economics Institute, 1999, http://gesd.free.fr/godley99.pdf.

3. MCKINSEY GLOBAL INSTITUTE, « Will US consumer debt reduction cripple the recovery ? », mars 2009, http://gesd.free.fr/cripplec.pdf.

États-Unis/Chine, considéré comme un tout, avait acquis une relative cohérence, en dépit des conflits récurrents sur le taux de change du yuan. Pour simplifier, la Chine vendait aux États-Unis, accumulait des dollars, puis les plaçait en bons du Trésor de manière à financer le déficit commercial américain. Ce schéma a soutenu la croissance dans les deux pays, et chacun pouvait y trouver son compte, d'autant plus qu'une bonne partie des exportations chinoises sont le fait d'investissements américains en Chine et que les importations à bas prix permettent de peser sur la valeur de la force de travail aux États-Unis.

UNE NOUVELLE CARTOGRAPHIE DU MONDE

Ce changement de nature conduit à abandonner la représentation classique de l'économie mondiale comme une simple juxtaposition d'économies nationales ; il faut la remplacer par un concept d'économie mondiale intégrée [1] dont la structuration est de plus en plus dissociée de la cartographie des États. Au début du XXe siècle, il était possible d'analyser les relations internationales à partir de cette grille de lecture : un pays, un capital, un État, une monnaie, etc. Aujourd'hui, cette équation a perdu en partie, mais pas totalement, sa cohérence.

La base économique de ce brouillage est la mondialisation. À partir du moment où un capitaliste peut potentiellement produire dans n'importe quel pays pour vendre dans d'autres pays, le lien entre l'exploitation de la force de travail et les débouchés est distendu. Dans la plupart des pays émergents, les salariés n'ont pas les moyens d'acheter ce qu'ils produisent. En économie fermée, cela poserait problème (à la longue), mais la priorité aux exportations permet de contourner cette contradiction potentielle.

Cette imbrication mondialisée offre aux grands groupes des portes de sortie en leur procurant un marché beaucoup plus vaste que le marché intérieur de leurs ports d'attache. En France, par exemple, le chiffre d'affaires des principaux groupes se répartit en trois tiers à peu près égaux : France, Union européenne, reste du monde [2]. La dissociation entre marché intérieur et marché mondial peut se mesurer aussi par la différence de la rentabilité entre les grands groupes internationalisés et les autres entreprises. En France, les profits des entreprises du CAC 40 ont doublé entre 2000 et 2006, alors que le profit de l'ensemble des entreprises françaises n'avait augmenté que de 20 %. Autrement dit, la dynamique des capitaux diffère selon leur degré de branchement sur le marché mondial. Cela veut dire aussi que la faible croissance du marché intérieur d'un pays est supportable pour les entreprises de ce pays, à partir du moment où ils disposent de débouchés alternatifs sur le marché mondial.

Cette autonomisation du capital par rapport à son ancrage territorial a pour effet une corrosion des modèles sociaux, particulièrement nette en Europe. Tant que la consommation des sala-

1. Charles-Albert MICHALET, « Comment la globalisation oblige à remettre en cause certains concepts économiques », *L'Économie politique*, n° 36, 2007, http://gesd.free.fr/michaep.pdf.

2. Renaud DU TERTRE et Yann GUY, « Les traits stylisés des grandes entreprises cotées en France à l'ère du capitalisme financier », *La Revue de l'Ires*, n° 62, 2009, http://gesd.free.fr/rdt2010.pdf.

riés d'un pays donné était le principal débouché des entreprises, le conflit entre capital et travail se déroulait à l'intérieur des frontières nationales et pouvait conduire à un relatif compromis. En ce sens, le modèle « fordiste » est un arrangement essentiellement national, qui a du mal à résister à la mondialisation de la production. Celle-ci a pour effet de dissocier l'espace d'exploitation et celui de la réalisation. Autrement dit, il devient possible de verser des salaires insuffisants pour assurer le dynamisme des débouchés, dès lors que ces derniers peuvent être trouvés sur les marchés étrangers. Dans la mesure où la croissance dépend de plus en plus de ces marchés, l'argument de la compétitivité prend de plus en plus de force. Le modèle social qui avait l'avantage d'assurer des débouchés et de lisser les fluctuations de l'activité se transforme en un boulet, en une « charge » dont il faut se débarrasser pour partir d'un bon pied à la conquête du marché mondial. En 2011, une mission parlementaire s'interroge sur « la compétitivité de l'économie française et le financement de la protection sociale » : comment ne pas voir dans cette formulation l'idée que ces deux objectifs sont contradictoires ?

Ces constats alimentent une critique souverainiste du capitalisme. La nation serait le seul cadre adéquat au progrès social, y compris comme produit d'une lutte de classes « non faussée » par la mondialisation. Sortir de l'euro permettrait de retrouver des marges de manœuvre par rapport aux contraintes imposées par des institutions européennes néolibérales par essence. Ce discours est assorti de démonstrations visant à montrer que la montée du chômage en Europe est pour l'essentiel le résultat de la mondialisation, en raison des délocalisations et de la concurrence des pays à bas salaires. Les choses sont cependant plus compliquées, la montée du taux de chômage et la compression salariale résultant de l'évolution des rapports de forces sociaux. Le tournant libéral du début des années 1980, avec le blocage des salaires, doit peu à la mondialisation. Ce n'est que plus tard que celle-ci est venue en renfort, en même temps d'ailleurs que le cours néolibéral pris par la construction européenne. Ces deux dimensions externe et interne sont indissociablement liées et il est impossible de faire un partage quantifié entre les deux. Soutenir que le chômage est avant tout la conséquence de la mondialisation a pour résultat de déporter l'analyse et de sous-estimer l'importance des rapports de forces internes. On peut donner un contre-exemple simple, celui des créations d'emplois record (1,9 million) en France entre 1997 et 2001. Elles ne peuvent raisonnablement s'expliquer ni par une baisse de coût du travail ni par une flexibilisation accrue du marché du travail, comme le prétendent les libéraux. Mais elles ne peuvent pas non plus s'expliquer par un recul du libre-échangisme ou par la « rapatriation » d'emplois préalablement délocalisés. La conjoncture favorable ne suffit pas à rendre compte de l'intégralité de ce surcroît d'emplois qui renvoie à la réduction du temps de travail. L'évolution de l'emploi dépend donc principalement de facteurs internes [1].

Cette nouvelle mondialisation n'est pas née par génération spontanée. Pour qu'elle puisse émerger, il a fallu faire disparaître tout ce qui contenait l'internationalisation du capital dans certaines limites. Le modèle de développement de beaucoup de pays du Sud, notamment en Amérique latine, combinait une certaine dose de protectionnisme régulateur avec un appel contrôlé aux capitaux étrangers. Ce modèle dit de substitution d'importations, qui commençait à s'épuiser, a été percuté par la crise de la dette provoquée par la hausse unilatérale des taux d'intérêt en 1979. On a alors imposé aux pays concernés des plans d'ajustement structurel qui avaient tous en commun d'imposer une levée des mesures d'encadrement des capitaux étrangers, et la réorientation de l'appareil productif vers les exportations (il fallait bien obtenir des dollars pour payer les intérêts de la dette).

Tout cela n'était sans doute pas prémédité, et il faut se garder d'incarner le capitalisme en moderne Machiavel. Il n'empêche que les conditions de la mondialisation ont été imposées à des pays saignés par la dette avec, la plupart du temps, la connivence des gouvernements locaux. L'étape suivante a été l'institutionnalisation de l'absence de règles à travers la création de l'OMC (Organisation mondiale du commerce) dont l'article premier et unique est que le capital dispose d'un droit absolu de circuler là où il veut et comme il le veut. Ce type d'institutions ne constitue pas un état-major du capitalisme international, un gouvernement mondial. Mais c'est un lieu de mise en cohérence d'intérêts capi-

1. Michel Husson, « Protectionnisme et altermondialisme », février 2009, http://hussonet.free.fr/protec9.pdf.

talistes communs, de définition et d'imposition de règles (ou, en l'occurrence, de non-règles). La liberté du capital est donc construite politiquement. Comme toujours dans l'histoire du capitalisme, c'est l'État ou des institutions fonctionnant par délégation qui produisent et façonnent, directement et consciemment, le cadre de fonctionnement du capitalisme.

L'effet majeur de la liberté de déplacement du capital productif est la mise en concurrence directe des salariés à travers le monde. Elle pèse sur leurs conditions d'existence à travers de nombreux canaux. Des marchandises produites par une main-d'œuvre à bas salaire évincent celles qui coûtent plus cher et par contrecoup menacent l'emploi des salariés et des paysans déclarés non compétitifs. Encore une fois, cette pression s'exerce d'autant plus que l'on a supprimé les « écluses » qui régulaient les différentiels de compétitivité entre régions du monde.

L'importation de produits à bas prix est souvent présentée comme un argument en faveur de la mondialisation qui profiterait ainsi aux consommateurs des pays riches. Mais ce « surplus du consommateur » dont parle la théorie risque bien en pratique d'être un leurre et de fonctionner dans l'autre sens. Plus le marché est approvisionné en produits *low cost*, plus il est possible de freiner la progression du salaire et de créer une couche d'emplois à bas salaires.

La mondialisation crée des emplois dans les pays émergents et c'est après tout une bonne chose, nous dit-on. Mais, d'un autre côté, elle y exerce un effet corrosif sur les secteurs de l'agriculture traditionnelle ou de la petite industrie qui sont percutés par l'importation sans contrôle de marchandises ultra-concurrentielles et parfois subventionnées. De plus, l'avantage comparatif que procurent de bas niveaux de salaires doit être constamment reproduit, sous peine de voir les investisseurs ou les acheteurs se tourner vers les pays mieux-disants.

Tout le monde ne peut donc gagner à la mondialisation, et celle-ci introduit des lignes de partage qui ne suivent pas les frontières des nations, mais tendent à découper, au sein des pays, les secteurs capables de se brancher sur le marché mondial et ceux qui en sont exclus. Cette logique est universelle : le développement de la précarité et de la pauvreté dans les pays les plus riches obéit au fond à la même logique de mise en concurrence. Ce levier

est d'autant plus puissant que l'entrée de la Chine, de l'Inde et de l'ancien bloc soviétique dans l'économie capitaliste mondiale a conduit à un doublement de la force de travail connectée au marché mondial.

La mondialisation réellement existante introduit ainsi une différence importante avec les formes classiques de l'impérialisme. Il y a près de cent ans, Lénine définissait l'impérialisme comme le « capitalisme arrivé à un stade de développement où s'est affirmée la domination des monopoles et du capital financier, où l'exportation des capitaux a acquis une importance de premier plan, où le partage du monde a commencé entre les trusts internationaux et où s'est achevé le partage de tout le territoire du globe entre les plus grands pays capitalistes [1] ». Aujourd'hui, le plus grand pays capitaliste est un importateur massif de capitaux : la croissance des États-Unis repose en effet sur le financement de son déficit extérieur par le reste du monde. La contribution des autres pays avancés tend à se réduire, et le financement est donc assuré de manière croissante par la Chine et les autres pays émergents. Ce grand renversement remet en cause la validité des théories classiques de l'impérialisme [2]. Elles reposaient toutes sur l'idée d'une asymétrie entre pays dominants et pays dominés. Le « Nord » prospérait aux dépens du « Sud » et, en tout cas, entravait son développement. La nouveauté est donc qu'un groupe de pays – les émergents – rompt avec cette situation de dominés. La mondialisation a fait éclater le découpage du monde entre pays développés, tiers monde et « bloc socialiste », et l'a remplacé par ce nouveau triptyque : pays riches, pays émergents, pays pauvres.

La conjoncture récente vient illustrer ce renversement de perspective. Au début de 2011, les organismes comme le FMI ou l'OCDE relèvent leurs prévisions de croissance. Si l'on y regarde de plus près, on constate que cette reprise est tirée par les exportations vers les pays émergents. Tout se passe donc comme si le dynamisme d'un capitalisme que l'on aurait jadis baptisé de « périphérique » prenait le relais du capitalisme essoufflé des pays du « centre ». Mais il s'agit sans doute d'une période transitoire : le rôle moteur des émergents aura tendance à s'épuiser dans la mesure où ils auront tendance à recentrer leur croissance sur la demande intérieure au profit de leur production nationale. Cette transition risque cependant de durer longtemps et de s'accompagner de manière croissante de déséquilibres et de tensions. La mondialisation ne débouche pas sur une configuration stable du capitalisme au niveau international.

Bibliographie choisie

HARVEY David, *Le Nouvel Impérialisme*, Paris, Les Prairies ordinaires, 2010.

STIGLITZ Joseph, *La Grande Désillusion*, Paris, Le Livre de Poche, 2003.

1. Vladimir I. LÉNINE, *L'Impérialisme, stade suprême du capitalisme*, 1916, http://gesd.free.fr/stadesup.pdf.

2. Voir Michel HUSSON, « Impérialisme : une brève histoire des théories », 1994, http://hussonet.free.fr/rouage4.pdf.

8. À QUOI SERT L'EUROPE LIBÉRALE ?

> « L'objectif d'une Europe ouverte à l'entreprise est la force motrice à la base de la création du marché unique européen d'ici à 1992. Et cela implique d'agir pour libérer les marchés, pour élargir les choix et pour réduire l'intervention de l'État. Notre objectif doit être de déréglementer et d'éliminer les contraintes commerciales. »
>
> Margaret THATCHER,
> « Discours de Bruges », 1988.

L'histoire de la construction européenne illustre les glissements – et les contradictions – du capitalisme contemporain. L'Europe a été particulièrement malmenée par la crise récente et c'est tout son échafaudage qui est aujourd'hui menacé. Il est donc intéressant de revenir sur cette histoire avec ce fil directeur : le processus de la construction européenne n'est pas linéaire, il a en grande partie changé de nature au milieu des années 1980 et il est tronqué.

Le projet de Communauté européenne est né au lendemain de la Seconde Guerre mondiale, à l'intersection de deux nécessités : coordonner la reconstruction et constituer un pôle européen autonome face aux deux grandes puissances mondiales de l'époque. C'est pourquoi l'une des premières institutions européennes fut la CECA (Communauté européenne du charbon et de l'acier) qui était une agence de planification (très quantitative) de la production de ces deux biens. Certes, l'objectif était d'emblée plus ambitieux mais, après l'échec du projet de Communauté européenne de défense (CED) en 1954, la construction européenne se replia sur les aspects économiques avec le traité de Rome de 1957, qui affirmait déjà la référence de principe à une économie de marché. Cependant, la pratique réelle des politiques représentait une forme de compromis entre l'« économie sociale de marché » allemande et l'intervention publique à la française. Les six entités de la Communauté économique européenne (CEE), à savoir l'Allemagne, la France, l'Italie et le Benelux (Belgique, Pays-Bas et Luxembourg), partageaient des traits communs : interventionnisme de l'État, existence d'un secteur public important et extension des systèmes de protection sociale. La seule politique vraiment commune mise en place durant cette première période est la PAC (politique agricole commune). Pour le reste, l'intensification des échanges intra-communautaires était le résultat spontané de dynamiques nationales voisines plutôt que l'effet d'une politique européenne spécifique. Les pays scandinaves et le Royaume-Uni, regroupés à l'époque dans l'AELE (Association européenne de libre-échange), ne connaissaient pas une trajectoire différente.

Cette première phase était celle d'une harmonisation vers le haut des systèmes fiscaux et sociaux. L'impulsion principale ne venait pas du niveau européen, mais de la coordination des logiques nationales, dominées alors par le « fordisme ». Ce modèle reposait sur une croissance très rapide de la productivité et sur un relatif équilibre des forces sociales, qui conduisait à une redistribution des gains de productivité aux salariés, sous forme de pouvoir d'achat direct ou de croissance du salaire socialisé (santé et retraites). La forte croissance du pouvoir d'achat des salaires était compensée par les gains rapides de productivité, de telle sorte que le taux de profit pouvait se maintenir à un niveau satisfaisant pour le capital.

Or ce modèle entre en crise à la fin des années 1960, sous des formes semblables dans les différents pays. Le processus d'internationalisation offre alors une voie de sortie. Les grands groupes européens continuent à conserver des liens étroits avec leur pays d'origine, mais leur horizon s'élargit déjà à un marché beaucoup plus étendu que le seul marché européen. C'est d'autant plus vrai qu'ils sont soumis à la concurrence avec les groupes états-uniens et japonais dont les investissements ne cessent de croître en Europe. Deux stratégies s'affrontent alors, qui sont personnalisées en France par l'opposition entre deux hommes politiques de droite. Le premier, Georges Pompidou, se situe dans la tradition gaulliste : son projet est de continuer dans la voie d'une alliance étroite entre grands groupes et secteurs publics afin de renforcer les « champions nationaux » vis-à-vis de la concurrence internationale. Le second, Valéry Giscard d'Estaing, représente les intérêts de la fraction la plus internationalisée du capital et prône le « redéploiement industriel », autrement dit une rupture des liens avec l'État au profit des stratégies internationales des grands groupes.

Une troisième stratégie possible a ainsi été laissée de côté. Elle aurait visé à favoriser la naissance de « champions » européens, autrement dit la construction d'un véritable capitalisme européen. Entre l'addition de logiques nationales et l'ouverture totale sur le marché mondial, il n'y aura jamais véritablement eu de projet d'intégration européenne fondée sur des accords privilégiés entre grands groupes européens. En ce sens, on peut dire qu'il n'existe pas de capital européen et que la construction européenne, contrairement à d'autres expériences historiques, ne procède pas par concentration et centralisation des capitaux au niveau du nouvel espace économique en gestation. La stratégie des groupes consiste à se concurrencer sur le marché européen tout en visant le marché mondial.

Le changement de période va s'opérer en plusieurs temps. Très vite, les dirigeants se rendent compte que les recettes keynésiennes de relance ne fonctionnent pas et débouchent sur une conjoncture inédite, la « stagflation », qui combine stagnation et inflation. La deuxième récession généralisée (1980-1981) donne le coup de grâce et ouvre la voie à la mise en œuvre de politiques radicalement différentes.

Le niveau européen apparaît alors comme un instrument privilégié pour opérer ce grand tournant néolibéral. Il permet une coordination des politiques menées dans chacun des pays en leur conférant une sorte de supra-légitimité. La construction européenne va alors être exclusivement utilisée à cette fin. Après une période caractérisée par une baisse salariale brutale et par la déréglementation des marchés financiers, le tournant va être symbolisé par la signature de l'Acte unique européen en 1986.

Celui-ci ouvre un processus qui vise à la constitution, au 1er janvier 1993, du « Grand Marché ». Il contient déjà la possibilité d'aller vers une monnaie unique et implique la disparition à peu près totale des barrières fiscales qui existaient encore entre les pays. Ce projet de grand marché apparaît comme la mise en œuvre effective du principe fondateur du traité de Rome, celui d'une concurrence libre. Ce principe s'applique notamment aux marchés publics, qui permettaient de tisser des liens étroits entre les commandes d'État et les grandes entreprises nationales (ce que l'on a pu appeler capitalisme monopoliste d'État). En termes concrets, l'Acte unique sert de justification aux vagues de privatisations qui vont alors se développer un peu partout. Cette date marque ainsi un changement qualitatif dans la méthode de la construction européenne : elle revient à abandonner la voie de l'harmonisation pour celle de la mise en concurrence des systèmes sociaux.

Depuis ce tournant de l'Acte unique de 1986, l'offensive néolibérale se déploie de manière cohérente et articulée, et touche à tous les aspects de la vie en société. Certes, l'articulation entre politiques nationales et niveau européen varie selon les domaines. Les institutions européennes peuvent jouer un rôle de coordination de ces politiques nationales qui vont de toute manière dans le même sens, et contribuer à définir l'agenda des « réformes ». Mais elles peuvent aussi intervenir plus directement par le biais de directives qui ont force de loi. C'est principalement le cas pour la « libéralisation » des services publics et la mise en concurrence des systèmes sociaux.

LA PRIVATISATION DES SERVICES PUBLICS

Les potentialités libérales du traité de Rome n'ont été vraiment mobilisées qu'avec la mise en œuvre du Grand Marché, sous la forme d'une vague de privatisations des services publics. Les institutions européennes ont joué un rôle moteur dans ce processus par l'édiction de *livres blancs* (ou *verts*), c'est-à-dire de textes formellement non contraignants, mais qui ont conduit par la suite à l'adoption de directives (lois européennes) concernant les secteurs les plus variés : postes, télécommunications, transports (aériens, maritimes, routiers et ferroviaires), électricité.

Ce processus se réclame à la fois du dogme libéral et de l'impératif européen. Pour Karl Van Miert, alors commissaire européen à la concurrence, « la concurrence exerce une pression permanente sur les coûts des services dont le coût pouvait paraître excessif en régime de monopole » et le même range « les secteurs traditionnellement organisés par les États membres sous la forme de monopoles (énergie, eau, télécommunications) » au nombre des « obstacles les plus importants » à la mise en œuvre de l'Union européenne.

Il n'existe cependant aucun lien entre le degré supposé d'inefficacité et l'ardeur mise à privatiser. À partir du cas français, on pourrait même dire à l'inverse qu'on privatise d'abord ce qui est efficace (ou en tout cas rentable). La légitimité des privatisations est donc facile à établir si l'on prend les profits des entreprises comme critère. Mais il en va tout autrement de son efficacité sociale,

CONCURRENCE DES POSTES EUROPÉENNES :
LE SURVIVANT M'APPORTERA PEUT-ÊTRE MON COURRIER
RÊVE PAS, MAMY

autrement dit sa capacité de répondre de manière égalitaire aux besoins sociaux : les tarifs augmentent et les pauvres sont peu à peu exclus.

À cette critique des effets sociaux de la libéralisation des services publics, on peut en ajouter une autre consistant à dire qu'elle est à proprement parler antieuropéenne. En rendant impossible toute politique structurelle, elle s'oppose à la construction d'un espace économique homogène. En matière de transports et d'énergie, par exemple, les orientations fondamentales ne peuvent être définies en dehors de la présence d'acteurs publics. La France est surnucléarisée, tandis que l'Allemagne vise à une sortie progressive du nucléaire : comment trancher entre ces deux options, ou à défaut les coordonner un minimum, sans les leviers de l'intervention publique ? Comment choisir entre la route et le fer si l'on privatise les réseaux autoroutiers et ferroviaires ? Plutôt que d'éclater les services publics et les ouvrir à une concurrence largement fabriquée dans une série de domaines, il aurait fallu interconnecter les réseaux et les placer sous l'autorité d'une instance européenne de régulation. Il y a un marché commun et une monnaie commune. Mais pourquoi n'y aurait-il pas une agence européenne de l'énergie « commune », une poste « commune », un réseau « commun » de chemins de fer, etc. ? Ce serait une conception autrement ambitieuse, cohérente et mobilisatrice, de l'unification européenne, qui tournerait le dos à la disposition du traité actuel interdisant les aides « qui faussent ou qui menacent de fausser la concurrence en favorisant certaines entreprises ou certaines productions ».

LA MISE EN CONCURRENCE DES SYSTÈMES SOCIAUX

L'entrée dans l'Union de nouveaux États membres a servi de révélateur, en posant clairement cette question : comment organiser un espace économique où coexistent des pays à niveaux de productivité et de salaires très différents ? À cette question clé du débat sur la construction européenne, il y a deux manières de répondre : la concurrence ou l'harmonisation. Le modèle économique de l'harmonisation repose sur un rattrapage de productivité dans les pays où elle est inférieure, avec effet d'entraînement sur les salaires. Les écarts initiaux se réduisent et il y a convergence vers le haut. Au lieu de se concentrer sur les branches où l'argument du coût salarial est prépondérant, les pays concernés « remontent les filières » et les spécialisations tendent elles aussi à converger.

Mais ce processus n'est pas automatique : il faut d'abord que les pays conservent une latitude de progression plus rapide des prix qui accompagne le rattrapage de productivité, et qu'ils bénéficient de transferts aidant à soutenir la convergence. Il faut ensuite que soit établie une norme de progression salariale en fonction de la productivité, ce qui passe le plus souvent par des luttes sociales. Ces faits stylisés peuvent être illustrés par l'entrée dans l'Europe des pays méditerranéens (Espagne, Portugal, Grèce).

La logique de mise en concurrence fait obstacle à ce scénario. D'abord, elle ferme le robinet des transferts en limitant le budget européen et en interdisant la création de ressources nouvelles ou le recours à l'emprunt par la Banque centrale européenne. Ensuite, elle fait de la stabilité des prix une priorité absolue,

réduisant d'autant les possibilités d'ajustement. Les pays entrants se voient de fait appliquer les fameux critères de Maastricht, même si leurs monnaies n'ont pas intégré l'euro. Enfin, et surtout, l'option libérale s'oppose à toute norme européenne en matière salariale et la liberté absolue des mouvements de capitaux exerce au contraire une très forte pression à la baisse.

Les effets de ce second scénario vont donc en sens inverse de l'harmonisation : la redistribution des gains de productivité aux salariés est bloquée par la pression concurrentielle, et la spécialisation régressive se reproduit. Il est essentiel de comprendre qu'une telle configuration est défavorable à l'ensemble des salariés, indépendamment du « classement » du pays où ils travaillent, car leur mise en concurrence généralisée pèse sur la progression des salaires aussi bien dans les pays riches que dans ceux qui le sont moins. Les inégalités salariales se creusent, et la condition salariale est encore dégradée par les « réformes » des systèmes de protection sociale, eux aussi soumis à la concurrence. La répartition inégalitaire des richesses produites contribue à plomber la croissance et l'emploi, tandis que l'accumulation du capital est redéployée vers le reste du monde.

UN MODÈLE ÉCONOMIQUE TRONQUÉ

Le modèle eurolibéral repose sur ce triptyque : monnaie commune, Pacte de stabilité, budget européen. Après les années 1990 qui avaient été désastreuses pour la croissance et l'emploi, ce modèle a semblé obtenir des résultats, puisque 10 millions d'emplois ont été créés entre 1997 et 2001 dans les pays de l'Union européenne. C'était apparemment la preuve qu'il était possible de combiner l'euro à la mode de Maastricht et une politique économique plus favorable à l'emploi. Mais le retournement de conjoncture est vite venu balayer ces illusions et, même avant ce démenti pratique, il était clair que les succès enregistrés ne résultaient pas d'une application systématique des recettes néolibérales, mais plutôt d'un relâchement des contraintes monétaires, financières et budgétaires. Et cette embellie n'aura été qu'une parenthèse, parce que les facteurs favorables se sont retournés : le dollar s'est mis à baisser, et l'austérité salariale et budgétaire a repris peu à peu tous ses droits. La Commission européenne évoque alors un « ralentissement inattendu », mais ce retournement conjoncturel est le fruit de ses propres politiques et le révélateur des contradictions du modèle. Cette analyse était largement partagée, avant même la crise : le Pacte de stabilité était qualifié de « stupide » par Romano Prodi, alors président de la Commission. Adopté dans une période favorable, il n'aura pas résisté au premier orage conjoncturel. Les raisons de cette « stupidité » sont désormais bien connues : le Pacte contraint les pays à faire des efforts supplémentaires de rééquilibrage budgétaire même en cas de recul conjoncturel, quand il faudrait au contraire laisser le budget jouer un rôle de soutien de la demande. Les efforts ultérieurs de la Commission pour définir les objectifs budgétaires de manière à éliminer la composante conjoncturelle visaient plus à sauver le dogme qu'à changer la logique profonde du Pacte.

Mais les choses vont bien au-delà du réglage conjoncturel. Alors que la construction européenne était censée jeter les fondements d'un espace économique intégré, on assiste au contraire au creusement d'un double écart tout au long des années 1990. D'une part, la croissance aux États-Unis devient nettement supérieure (plus d'un point) à celle de l'Europe, alors que les taux de croissance étaient comparables sur la décennie 1980. D'autre part, une seconde différenciation s'opère à l'intérieur même de l'Europe. Sur la décennie précédant la crise de 2008, la croissance moyenne a été de 2 % pour l'ensemble des pays européens. Mais elle a été nettement inférieure dans la « zone franc-mark » (France, Allemagne, Belgique) tandis que d'autres pays (Espagne, Royaume-Uni, Irlande, Suède et Finlande) ont connu une croissance proche de celle des États-Unis.

Cette divergence renvoie à l'insertion spécifique des économies nationales dans le marché mondial : elles sont plus ou moins sensibles à la compétitivité-prix, plus ou moins bien placées pour capter la demande mondiale, plus ou moins capables d'attirer les capitaux. La résultante de ces différents positionnements ne définit pas une communauté d'intérêts et accentue la différenciation en fonction de deux critères principaux : la sensibilité des exportations au taux de change et l'acceptation de la prédominance des États-Unis.

Ces facteurs de divergence n'ont pas été réduits, et au contraire aggravés, par les modalités mêmes de la construction européenne et en premier lieu par la conception de la monnaie unique. Une monnaie unique ne suppose pas forcément une homogénéité absolue de la zone monétaire ainsi constituée, mais elle implique un budget réalisant les péréquations et transferts, de manière à permettre la coexistence, au sein d'une même entité, de régions aux performances économiques différenciées. Or toute la conception néolibérale consiste au contraire à réduire au maximum le budget européen. Il faut ensuite une politique de change, et on touche là à un trou noir de la construction européenne. Depuis son lancement, le cours de l'euro en dollar a énormément fluctué. Il a commencé par baisser de 30 %, puis s'est mis à augmenter dans des proportions tout aussi considérables. Or ce taux de change euro/dollar pèse fortement sur la croissance de l'Union européenne, à travers le dynamisme de ses exportations. Celles-ci ont bénéficié de la hausse du dollar entre 1997 et 2001, mais sont pénalisées par sa baisse délibérée depuis lors.

Chaque pays européen est inégalement sensible à de telles fluctuations, en fonction de son degré d'ouverture et de son type

d'insertion dans le marché mondial. Les fluctuations du dollar fonctionnent alors comme un levier qui fait diverger encore plus les trajectoires nationales. Et ce phénomène est évidemment d'autant plus puissant qu'il n'existe pas, pour des raisons doctrinales fondamentales, de politique de change affirmée au niveau européen.

À quoi peut donc servir l'euro, s'il n'est pas utilisé pour conférer une plus grande cohérence à l'ensemble européen ? Sa véritable fonction est de servir de levier pour généraliser l'austérité salariale et l'étendre aux éléments de salaire socialisés (protection sociale, retraites, services publics). L'euro réellement existant n'est donc rien d'autre qu'un outil de police économique. En l'absence de politique cohérente en matière de change et d'intérêt et de position autonome par rapport aux injonctions monétaires (et autres) des États-Unis, la seule variable d'ajustement qui reste est alors le salaire.

Le problème est que ces politiques ont pour effet de tirer la croissance européenne vers le bas : la rigueur salariale a pour contrepartie la faiblesse de la demande intérieure. S'il ne s'agissait que de geler les salaires au profit des revenus financiers, une telle orientation serait parfaite. Mais l'Europe n'est pas seule au monde, et cet assemblage peu dynamique laisse deux énormes questions sans réponse. La première est celle de la spécialisation industrielle. Si le terme « politique industrielle » est tabou au niveau européen, les choix de politique économique ont des implications sur le mode de spécialisation. Là encore, l'Union européenne n'a pas choisi, en se donnant deux objectifs ouvertement contradictoires. D'un côté, elle veut flexibiliser les marchés du travail pour obtenir un coût du travail compétitif. De l'autre, elle fait de grands discours sur l'économie du savoir, les nouvelles technologies, etc. Elle risque alors de perdre sur tous les tableaux, et de se faire prendre en tenailles entre les États-Unis (qui reconstituent leur avance technologique) et les pays émergents à salaires vraiment bas que, même dans ses rêves les plus fous, elle ne peut espérer concurrencer sur ce terrain.

L'eurolibéralisme utilise la dimension européenne, mais ne constitue pas pour autant un véritable projet européen. À la différence, par exemple, du modèle allemand du XIXe siècle, il ne s'agit pas de la formation par addition d'une nouvelle entité

économique. L'une des raisons en est que, chacun de son côté et avec sa spécialisation propre, les pays européens ont depuis longtemps accédé au marché mondial. La phase d'internationalisation a commencé à la fin des années 1960 et la constitution du marché unique, puis celle de la monnaie unique ne peuvent donc être analysées comme des conditions préalables à un tel mouvement. Il existe ainsi un déphasage particulier entre la base européenne et l'horizon stratégique mondial des grands groupes. Le marché unique n'est pas le débouché principal, mais la base arrière d'une visée plus large. Il a été conçu d'emblée comme un marché largement ouvert, parce que les grands groupes basés en Europe visent directement le marché mondial. Ce point permet de mieux comprendre le caractère forcément subordonné du « volet social », notamment en ce qui concerne l'emploi.

L'IMPACT DE LA CRISE

La crise a été le révélateur de ces incohérences du modèle européen, qui lui préexistaient. Elle a permis de mieux comprendre les mécanismes qui permettaient de les surmonter et qui apparaissent aujourd'hui comme n'étant plus soutenables. La zone euro a été progressivement écartelée entre deux trajectoires : d'un côté, l'Allemagne, qui suit depuis dix ans une politique de gel des salaires et fonde son dynamisme sur les exportations ; de l'autre, les PIGS (Portugal, Italie, Grèce, Espagne), dont la croissance était fondée sur l'endettement ou le boom immobilier. L'euro a permis et masqué cette « euro-divergence » parce qu'il autorisait des déficits commerciaux qui n'auraient pas été soutenables sans monnaie commune.

Face à la crise, l'euro a dans un premier temps joué un rôle de bouclier en empêchant que la crise financière se double d'une crise des monnaies. L'injection massive de liquidités a semblé être une réaction coordonnée à l'urgence de la situation, comme les plans de relance mis en œuvre. Mais la crise européenne a rebondi, avec la spéculation contre les dettes souveraines des pays les plus fragiles, qui a mis en lumière l'incomplétude de la construction européenne. Rien n'est en effet prévu pour faire face de manière coordonnée à une telle situation. Nous en sommes donc là, et l'avenir de l'Europe est particulièrement incertain. L'éclatement, partiel ou total, de la zone euro n'est plus à exclure. Le récent « pacte pour l'euro » cherche à constitutionnaliser une terrible régression sociale comme moyen d'assainir les finances publiques dans les pays les plus touchés. Et un consensus se forme autour de l'axe franco-allemand pour refuser tout pas en avant dans l'intégration européenne, vers une mutualisation des dettes.

Cette histoire de la construction européenne est en fin de compte celle d'un projet consistant à remettre en cause le modèle social européen, autrement dit à débarrasser le capitalisme européen des entraves qui l'empêchent d'être pleinement concurrentiel sur le marché mondial. La crise est venue perturber cette orientation mais, au lieu de conduire à une refondation de la construction européenne, elle est mise à profit pour durcir et approfondir le programme de « libération » du capitalisme européen. La montagne de dettes privées, plus ou moins « toxiques », qui a accompagné la croissance récente a été convertie en dettes publiques. Il s'agit maintenant de les faire payer aux citoyens, en leur présentant la facture de la crise.

Bibliographie choisie

ATTAC, *Le Piège de la dette publique*, Paris, Les Liens qui libèrent, 2011.

MANIFESTE DES ÉCONOMISTES ATTERRÉS, *Crise et dettes en Europe*, Paris, Les Liens qui libèrent, 2010.

9. QU'EST-CE QU'UNE CRISE ?

« Dans l'histoire, les cycles homogènes se groupent par séries. Durant des périodes entières du développement capitaliste, les cycles se caractérisent par des booms nets et délimités et par des crises courtes et de faible ampleur. Il en résulte un mouvement brutalement ascendant de la courbe du développement capitaliste. Les périodes de stagnation se caractérisent par une courbe qui, tout en connaissant des oscillations cycliques partielles, se maintient au même niveau approximatif pendant des décennies. »

Léon Trotski, *La Courbe du développement capitaliste*, 1923.

Crise financière, crise écologique, crise alimentaire, etc. : de quelle crise parle-t-on depuis deux ans ? Toutes ces crises se combinent aujourd'hui pour conduire à une remise en cause de la logique capitaliste. Mais le terme « crise » est un peu galvaudé et il faut distinguer trois sortes de crises auxquelles le capitalisme est confronté : les crises périodiques, les crises de régulation et la crise systémique.

LES CRISES PÉRIODIQUES

Le fonctionnement d'une économie capitaliste est par nature cyclique. Ce phénomène a été repéré depuis longtemps. Dans le jargon, on parle de cycles Juglar pour désigner ces alternances régulières dans le rythme de croissance. La durée de ces cycles

peut varier : une dizaine d'années au XIXe siècle, plutôt sept à huit ans au cours des dernières décennies. Leur intensité aussi : les cycles étaient de faible ampleur durant les trente glorieuses, ils tendent à être plus marqués et plus synchronisés entre les pays depuis le début des années 1980.

Ce fonctionnement cyclique conduit donc régulièrement à des crises périodiques dont la possibilité même était niée par les fondateurs de l'économie politique. La loi de Say consistait à dire qu'il ne pouvait pas y avoir d'écart entre l'offre (ce qui est produit) et la demande (ce qui est acheté) puisque l'offre crée sa demande. Mais c'était oublier deux traits essentiels du capitalisme : c'est un système marchand et concurrentiel. Un système marchand : les marchandises ne doivent pas seulement être produites, encore faut-il les écouler. Entre la production et la réalisation s'intercalent la monnaie et la distribution de revenus qui peuvent introduire autant de coins entre l'offre et la demande. Un système concurrentiel : les décisions des différents capitalistes ne sont pas coordonnées et ce qui est bon pour chacun d'entre eux pris séparément ne l'est pas forcément pour leurs intérêts généraux. Marx est sans doute le premier à avoir étudié les conditions de reproduction du capital, autrement dit les grandes égalités qui doivent être respectées de manière à rendre compatibles production et réalisation. En ce sens, on peut dire que c'est l'inventeur de la macroéconomie moderne. Ensuite viendra Keynes qui pulvérisera la loi de Say en montrant la possibilité d'équilibre de sous-emploi.

Cependant, ce déroulement cyclique de l'activité n'est pas en tant que tel un défaut majeur du capitalisme qui mettrait en cause son existence en tant que système. La principale raison est que le cycle est un mouvement mécanique qui se déclenche tout seul, mais se rétablit aussi de manière à peu près automatique. Ce mécanisme est donc « endogène », autrement dit incorporé dans le fonctionnement « normal » du capitalisme. Le moteur du cycle se trouve en effet dans le comportement d'investissement des capitalistes. Quand tout va bien, ils cherchent à profiter de l'occasion et se mettent à investir : ils ont besoin d'accroître leur capacité de production puisque les ventes augmentent et ils anticipent un profit à la hausse. Mais ils investissent forcément trop, parce que l'investissement est un flux et le capital un stock. Les fluctuations de l'investissement amplifient celles de la production, ce que les économistes modernes appellent l'effet accélérateur. Au bout d'un moment, les capacités de production excèdent les capacités d'absorption du marché et la rentabilité baisse. Il y a à la fois trop de capital (suraccumulation) et pas assez de débouchés (sous-consommation). Les capitalistes doivent donc freiner, mais le même phénomène se produit en sens inverse : ils freinent trop et, en ralentissant leurs investissements, conduisent à un ralentissement ou à un recul de l'activité générale. On passe alors de la prospérité à la récession. Et puis, au bout d'un moment, il faut à nouveau investir et la machine repart. Compte tenu du rôle moteur de l'investissement, il n'est pas étonnant de constater que la durée du cycle correspond *grosso modo* à la durée de vie moyenne du capital.

Le capitalisme d'après guerre avait appris à mieux maîtriser les cycles grâce à l'intervention de l'État et aux stabilisateurs automatiques. On avait en quelque sorte tiré les leçons de la grande crise des années 1930 et compris que l'État devait soutenir la demande durant les phases récessives, de manière à en réduire la durée et l'ampleur. Il pouvait d'autant mieux y réussir qu'il existait une catégorie de revenus relativement insensibles aux fluctuations de la conjoncture. Quand les salariés perdaient tout revenu en même temps que leur emploi, cette perte contribuait à l'ampleur de la récession en faisant disparaître une partie de la demande. À partir du moment où ces mêmes salariés conservent un revenu, sous forme d'allocation chômage, l'impact sur la demande est réduit d'autant. Or le capitalisme des trente glorieuses avait mis en place progressivement toute une série de transferts sociaux qui constituaient autant de « stabilisateurs automatiques » : ils fonctionnaient comme une sorte de plancher en dessous duquel la demande ne pouvait pas tomber. L'une des caractéristiques du capitalisme néolibéral est précisément de chercher à retirer ces stabilisateurs désignés comme autant de charges pesant sur la compétitivité des entreprises. Or la crise récente a confirmé le rôle de protection de ces dispositifs, à tel point que certains ont redécouvert des mérites au modèle social français dont ils faisaient, avant la crise, la cause de notre « déclin ».

LES CRISES DE RÉGULATION

Le capitalisme est un moteur à deux temps : il lui faut des profits et des débouchés. On pourrait schématiquement relier les grands paradigmes économiques à cette proposition. Les néoclassiques donnent la primauté à la rentabilité sur la demande, qui est censée suivre : ils préconisent systématiquement des politiques d'offre visant à rétablir les conditions de la rentabilité. Les keynésiens sont au contraire partisans de politiques de soutien à la demande parce qu'ils mettent l'accent sur le lien déterminant entre la demande et l'activité, et donc l'emploi. Quant aux marxistes, ils considèrent que le couple profits/débouchés constitue une contradiction fondamentale du capitalisme. Ils ont raison, parce que ce qui est bon pour les profits est en général mauvais pour les débouchés. On retrouve ici le « sophisme de composition » qui renvoie à la nature concurrentielle du capitalisme : chaque capitaliste (ou chaque pays) a intérêt à baisser ou comprimer sa masse salariale pour augmenter son profit et gagner des parts de marché. Et, d'ailleurs, s'il ne le fait pas, ses concurrents le feront. Mais si tous les capitalistes (ou tous les pays) appliquent cette même excellente idée, ils arrivent à un résultat négatif, à savoir l'étouffement des débouchés. Cette contradiction est présente au cours du cycle, mais sa portée est plus vaste : pour que le capitalisme fonctionne de manière « soutenable », il faut réussir à « gérer » cette contradiction de manière à ne pas venir buter constamment contre elle.

Il y a d'autres problèmes de fonctionnement auxquels le capitalisme doit apporter des réponses durables. Elles passent par un ensemble de normes, de dispositifs et d'institutions dont la validité s'étend à une période historique longue et qui définissent un « ordre productif ». On retrouve là l'idée fondamentale développée notamment par Karl Polanyi : le capitalisme ne vit pas suspendu en l'air. Il a besoin de règles du jeu, d'une monnaie, d'un État, d'institutions. C'est une sorte de paradoxe : le capitalisme rêve d'établir la loi de la jungle, mais il a en même temps besoin de régularités. Par exemple, un capitalisme sans monnaie inspirant un minimum de confiance ne pourrait pas fonctionner normalement. Il faut donc non seulement une monnaie, mais une monnaie garantie par des banques et en fin de compte par l'État. Ce constat met à mal l'idée libérale d'un ordre spontané où l'harmonie sociale naîtrait de la simple addition des intérêts individuels. Et oublier cette évidence peut conduire à de redoutables illusions. Ainsi, la chute des systèmes dits socialistes et le plein rétablissement des rapports marchands n'ont pas fait émerger comme par miracle un modèle social de rechange. Il a fallu

l'intervention des États et des organisations internationales (comme l'OCDE sur la question des retraites) pour sortir d'une phase de dislocation sociale et de chaos économique.

C'est l'intérêt de l'école dite de la régulation d'avoir conceptualisé ces notions, même si elle a ensuite dérivé vers l'idée qu'on pouvait les combiner à volonté. Pour résumer, il y a quatre grandes questions qui sont en permanence posées au capitalisme et auxquelles il peut apporter des réponses différentes, mais qui doivent être cohérentes entre elles. Leur ensemble définit une période historique du capitalisme dans la mesure où ces dispositifs ne peuvent être changés du jour au lendemain. C'est quand ils se détraquent que l'on peut parler de crise de régulation. On profitera de leur exposé pour montrer, de manière stylisée, les solutions qui y ont été apportées par le capitalisme fordiste, celui des trente glorieuses, puis par le capitalisme néolibéral qui a pris le relais au début des années 1980.

LES PHASES DU CAPITALISME

Chaque phase du capitalisme peut alors être définie à partir de ces quatre dimensions : régime d'accumulation (l'économie) ; paradigme technologique (la technique) ; régulation sociale (le social) ; division internationale du travail (l'international). Il faut commencer par voir ce que recouvrent à grands traits ces notions abstraites qui, encore une fois, correspondent à des règles de fonctionnement du capitalisme.

Le régime d'accumulation définit la manière dont se combinent la production et les débouchés. Du côté de la production, la croissance et donc l'accumulation seront plus ou moins intensives selon qu'elles reposent ou non sur de forts gains de productivité. Du côté des débouchés, deux cas de figure sont possibles : soit une consommation de masse tirée par la progression des salaires ; soit une répartition des revenus inégalitaire. Cette notion regroupe aussi les règles du jeu entre capitalistes, en particulier les modalités de la concurrence et les rapports entre capital bancaire et capital industriel, et entre actionnaires et gestionnaires. Sur tous ces aspects, on pourrait imaginer de multiples combinaisons, mais elles ne sont pas toutes possibles : elles doivent être cohérentes entre elles.

Le paradigme technologique décrit les relations entre les manières de produire et les techniques disponibles. À chaque grande période du capitalisme correspond un ensemble d'innovations qui se diffusent dans toute l'économie. Mais les innovations technologiques ne suffisent pas.

La régulation sociale englobe tout ce qui concerne le rapport salarial, à savoir l'organisation du travail sur les lieux de production, la législation sociale et l'État social dans ses fonctions de pourvoyeur de revenus de complément et de services collectifs. Il s'agit pour le capitalisme de garantir la soumission des salariés et en même temps de faire reposer l'ordre social et économique sur des formes de légitimité.

La division internationale du travail correspond à l'organisation de l'économie mondiale et dit comment chaque pays s'insère dans le marché mondial et entre en relation avec les autres pays. Cette notion recouvre plusieurs questions : qui fournit les matières premières, qui produit les biens industriels les plus sophistiqués ? Quelles sont la ou les monnaies acceptées universellement comme instrument de paiement et de réserve ? Comment s'orientent les investissements et les flux financiers internationaux ? Les réponses à ces questions définissent la hiérarchie des puissances selon des critères qui ne sont pas strictement économiques : le monde capitaliste a été de tout temps structuré et hiérarchisé en fonction de rapports de forces politiques et militaires.

Pour comprendre la pertinence de ce schéma d'analyse, le mieux est de l'appliquer au capitalisme contemporain, à partir d'une opposition entre le « fordisme » des trente glorieuses (1945-1975) et les trois décennies néolibérales.

Tableau 9. Fordisme et néolibéralisme

	Capitalisme fordiste 1945-1975	*Capitalisme néolibéral 1980-2010*
Régime d'accumulation	Fordisme	Financiarisation
Paradigme technologique	Taylorisme automobile	Technologie de l'information
Régulation sociale	Compromis social	Flexibilité
Division internationale du travail	Internationalisation	Mondialisation

Le terme « fordisme » fait référence à Henry Ford, qui n'était pas seulement un chef d'entreprise, mais aussi un théoricien du capitalisme [1]. Il avait compris la possibilité d'un « cercle vertueux » entre production et consommation de masse. L'organisation du travail de type tayloriste permet de réduire les coûts de production et de réaliser des gains de productivité, mais à condition de produire beaucoup de voitures. Et il faut aussi les vendre. Pour résoudre cette équation, Ford trouve la solution qui consiste à bien payer ses ouvriers, car il peut ainsi faire coup double. Une meilleure paie (le *five dollar day* en 1914) et une durée du travail moins longue (40 heures en cinq jours) augmentent la productivité grâce à de « meilleures méthodes d'utilisation du temps de travail et de l'énergie des travailleurs [2] » et à une plus grande motivation des salariés. Du côté des débouchés, des salaires plus élevés et des prix en baisse élargissent la demande.

La logique du capitalisme d'après guerre est déjà présente : « Le gros des marchandises est consommé par ceux qui les fabriquent. C'est un fait que nous ne devons jamais oublier, c'est le secret de notre prospérité [3]. » Les enchaînements coulent avec une grande logique : au départ, « la combinaison du pouvoir et des machines aux mains de la direction » permet de raccourcir la journée de travail. Cela permet d'élargir les débouchés : « Les gens qui font une semaine de cinq jours vont consommer plus de biens qu'avec une semaine de six jours. » Le cercle vertueux est alors enclenché : « L'augmentation de la consommation nécessitera un niveau de production plus élevé, ce qui conduira à plus de travail, à plus de profits et à encore plus de salaires. » Ford apparaît comme un promoteur de la réduction du temps de travail : « Plus de temps libre conduit à un résultat qui va exactement à l'encontre de ce qu'on pense généralement. » Mais il fixe en même temps les limites de ce « compromis social » : d'un côté, le pouvoir et les machines doivent « rester aux mains de la direction » et, de l'autre, tout repose sur l'élargissement des besoins de

1. Et aussi, soit dit en passant, un antisémite forcené. Voir Michaël Löwy, « Henry Ford, inspirateur d'Adolf Hitler », *Le Monde diplomatique*, avril 2007, http://bit.ly/lowy7.

2. Henry Ford, « Why I favor five days' work with six days' pay », *World's Work*, octobre 1926, http://gesd.free.fr/ford26.pdf.

3. Toutes les citations de Ford proviennent de l'entretien cité dans la note précédente.

consommation : « Les désirs des ouvriers augmentent quand ils sont mieux payés. Et ces désirs se transforment bientôt en besoins. » Cette distinction entre désir (*want*) et besoin (*need*) exprime la nécessité, bien comprise par Ford, de façonner le mode de consommation en accord avec ce que les capitalistes savent produire en faisant des gains de productivité.

Il est donc logique que l'on ait choisi le terme « fordisme » pour caractériser le capitalisme des trente glorieuses. Les gains de productivité ont permis à la fois d'augmenter les salaires et de compenser l'augmentation du capital par tête, de telle sorte que le taux de profit restait à peu près constant. Tout augmentait à peu près au même taux (de l'ordre de 5 % dans le cas de la France) : la productivité par tête, le capital par tête et le pouvoir d'achat, tout cela dans un contexte de plein-emploi. Certes, ce n'était pas le paradis : les inégalités reculaient lentement, de même que les poches de pauvreté, en particulier pour les retraités. Et la contrepartie de la progression du pouvoir d'achat était une intensification accrue du travail, avec la généralisation de l'organisation scientifique du travail chère à Taylor : travail à la chaîne parcellisé et répétitif. Les gains de productivité ne tombaient donc pas du ciel, mais résultaient de la mécanisation et de l'intensification « aux mains de la direction », comme disait Ford. Enfin, et c'est une caractéristique essentielle, il existait une correspondance entre la production et la consommation, autour de la branche automobile et des biens d'équipement ménagers notamment. Les « désirs » se transformaient en « besoins » adéquats à la structure de la consommation.

Après le fordisme et le taylorisme, il faut aussi parler de keynésianisme. Tirant les leçons de la crise des années 1930, et aussi de l'économie d'armement, les États ont compris la nécessité d'intervenir directement dans la sphère économique par des politiques systématiques, budgétaires et monétaires, afin d'éviter les faillites majeures et les krachs déstabilisants ; une politique contra-cyclique de soutien à la demande et une « dévalorisation douce » des capitaux investis par le biais de l'inflation rampante ont atténué l'ampleur des récessions et évité leur synchronisation entre les diverses puissances capitalistes. Une partie importante de l'économie est nationalisée sous forme d'entreprises publiques ou de services publics. En même temps se met en place l'État

TRAVAILLER
À LA CHAÎNE
...
POUR
CONSOMMER
À LA CHAÎNE
...

social avec la protection sociale (santé et retraites), le salaire minimum, les conventions collectives, puis l'assurance-chômage.

Au niveau international, l'économie mondiale est structurée par la domination des États-Unis et de leur monnaie. Après la période de reconstruction, les échanges internationaux se développent selon un processus d'internationalisation qui reste en deçà de la mondialisation actuelle : il y a des échanges commerciaux et des investissements d'un pays à l'autre, mais ils restent dans une logique de relations de pays à pays, avec des instruments de contrôle : taxes, limites aux réexportations et au rapatriement des profits, etc. Enfin, les rapports Nord-Sud sont essentiellement des rapports de domination et de dépendance qui confinent les pays du Sud dans un rôle de pourvoyeurs de matières premières ou de biens industriels bas de gamme.

Cette configuration d'ensemble donnait au capitalisme une forme de légitimité. Dans les pays développés, la progression du pouvoir d'achat et l'accès à l'emploi étaient garantis. Les récessions étaient de faible ampleur et l'élargissement de l'État social se traduisait par une amélioration des conditions de vie. Ces réussites conduisaient à une psychologie sociale aujourd'hui disparue. Chaque individu pouvait se projeter positivement dans l'avenir : son sort serait forcément meilleur et celui de ses enfants aussi. La notion de carrière avait un sens pour la majorité des salariés, bref les trajectoires individuelles étaient ascendantes. Pour reprendre une image empruntée à Alain Lipietz, certains étaient plus hauts que d'autres sur l'escalator, mais tout le monde montait.

Pourtant, ce bel assemblage est entré en crise avec la récession généralisée de 1974-1975 et il s'agit là d'une véritable « crise de régulation » car tout s'est détraqué et la cohérence du « fordisme » a été détruite, sans qu'il soit possible de la rétablir. Le dynamisme du capitalisme d'après guerre reposait sur des gains de productivité élevés et la source de son entrée en crise se trouve dans leur brusque ralentissement. Pour analyser ce phénomène, il faut combiner des facteurs technologiques et sociaux. On pourrait ici parler de « rendements décroissants » du taylorisme en utilisant cette image : tant qu'on peut augmenter le rythme de la chaîne de montage, on fait des gains de productivité, mais ils deviennent nuls quand on atteint le rythme maximal.

L'ASCENCEUR SOCIAL EST EN PANNE, FAUT PRENDRE L'ESCALIER...
AH...
AH...

Graphique 6. Productivité et chômage en France, 1960-2010

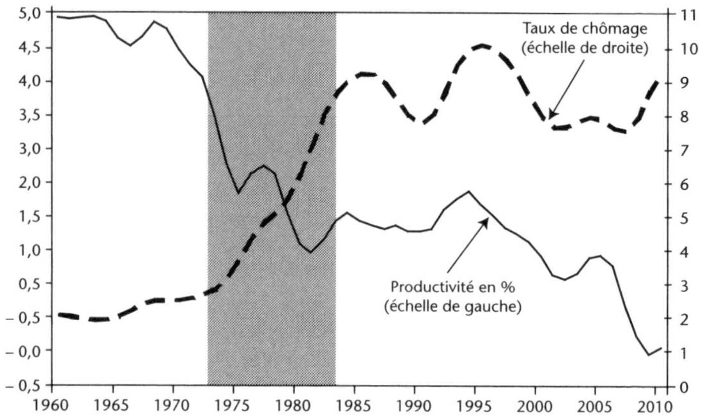

Source : Insee.

Le graphique 6 illustre bien cette succession de périodes sur l'ensemble de l'Union européenne : gains de productivité élevés jusqu'au milieu des années 1970 (4 % à 5 % par an), baisse spectaculaire au cours de la décennie suivante, puis stabilisation à un niveau inférieur (2 % par an, suivie d'un ralentissement ultérieur). Les trente glorieuses apparaissent rétrospectivement pour ce qu'elles sont à l'échelle historique : une parenthèse. Sur l'ensemble du XXe siècle, la productivité a en effet progressé de 2 %, ce qui n'est pas si mal, puisque, à ce rythme-là, la productivité double en trente-cinq ans. À 5 % par an, il ne faut que quatorze ans pour obtenir ce résultat. Autrement dit, il y avait du grain à moudre et il était difficile de ne pas redistribuer aux salariés une partie de ces gains de productivité sous des formes diverses.

Qu'est-ce qui explique ces prouesses ? La question n'est pas seulement théorique car elle en contient une autre : peut-on reproduire, et à quelles conditions, de telles performances ? Une première réponse consiste à dire que ces gains de productivité constituent un double rattrapage : par rapport aux destructions causées par la Seconde Guerre mondiale, mais aussi, dans le cas de l'Europe, par rapport à l'avance technologique des États-Unis. La seconde partie de l'explication ne fait que déplacer le problème, puisqu'il faut alors expliquer les raisons des gains de productivité aux États-Unis. De plus, cette thèse du rattrapage est un peu mécanique et sous-estime le potentiel propre au régime d'accumulation fordiste. Il est plus fructueux d'insister sur le caractère exceptionnel, et difficilement reproductible, du fordisme, à savoir la correspondance qu'il établissait entre production et consommation. Un des traits importants du capitalisme libéral est qu'il s'est révélé incapable, contrairement aux attentes de certains théoriciens du postfordisme, de rétablir une telle correspondance.

Sur le même graphique, on trouve une autre courbe, celle du taux de chômage. Ce rapprochement permet d'éliminer une explication simpliste qui ferait du chômage la conséquence directe des gains de productivité. Cela semble pourtant aller de soi : qui dit productivité dit moins de travail pour produire la même chose, donc moins d'emplois. D'où les thèses sur la fin du travail, l'« horreur économique » ou l'impossible retour au plein-emploi, etc. En réalité, les choses sont un peu plus compliquées, puisque le taux de chômage s'est mis à grimper au moment précis où la productivité, ou plutôt son rythme de croissance, s'effondrait. La période fordiste se caractérise par des gains de productivité très élevés, mais aussi par un taux de chômage très faible, assimilable au plein-emploi (graphique 6). Durant la période néolibérale, au contraire, le taux de chômage enregistre des hauts et des bas, mais se maintient à un niveau élevé, de l'ordre de 9 %. Or, dans le même temps, les gains de productivité ont très nettement ralenti. La fable d'un chômage technologique ne tient donc pas, sinon les choses auraient dû fonctionner en sens inverse : moins de productivité, donc plus d'emplois et moins de chômage. Le raisonnement simple est faux parce qu'il oublie un élément important, qui est la durée du travail.

Pour l'instant, il faut retenir cette idée essentielle : la fin du fordisme a été déclenchée par le ralentissement brutal de la productivité. Et le capitalisme néolibéral qui lui a succédé est un capitalisme à gains de productivité moyens. Mais d'autres « arrangements » propres au fordisme se sont détraqués dans le même temps. Ainsi, la croissance de l'État social et le recours à l'inflation dont on vantait les vertus apparaissent brusquement comme des obstacles à la bonne reproduction du système.

La croissance de la productivité

Graphique 7. Taux de croissance de la productivité du travail en France,
1870-2009
En %

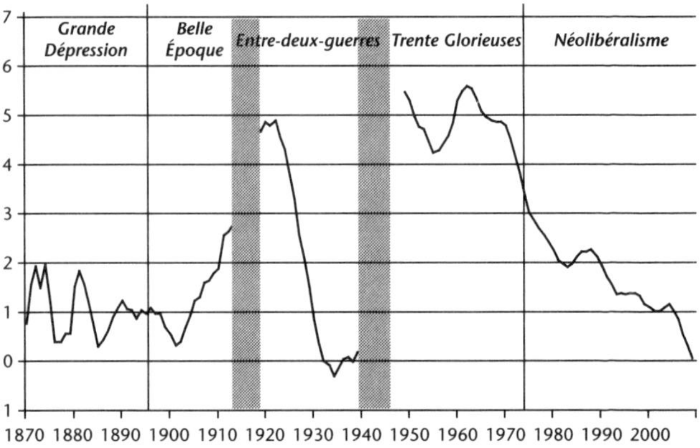

Sources : Angus MADDISON, *Statistics on World Population, GDP and Per Capita GDP*, 2008, http://gesd.free.fr/amaddi.xls ; Insee ; Pierre VILLA, « Un siècle de données macroéconomiques », *Insee Résultats*, n° 303-304, 1994, http://bit.ly/villa94.

On voit bien apparaître la succession de phases. Le dernier quart du XIXe siècle (1873-1896) correspond à la « Grande Dépression », pendant laquelle la productivité croît de manière peu soutenue. Puis survient la Belle Époque, caractérisée par une accélération de la productivité qui se prolonge quelques années au-delà de la Première Guerre mondiale. L'entre-deux-guerres est marqué par une tendance à la récession qui conduit à la grande crise des années 1930. La productivité du travail recule et ce mouvement se prolonge au cours de la Seconde Guerre mondiale. La reconstruction correspond à un rattrapage très rapide, puis ouvre la période dite des « trente glorieuses » (1945-1975) pendant laquelle les gains de productivité progressent à une vitesse (de l'ordre de 5 % par an) sans équivalent historique. Enfin, la récession de 1974-1975 coïncide avec un épuisement des gains de productivité qui perdure durant toute la période néolibérale qui s'est ouverte au début des années 1980.

Le même profil se retrouve avec certains décalages dans tous les grands pays capitalistes et on peut d'ailleurs en discuter le découpage précis. Le principal résultat est en tout cas le caractère exceptionnel des trente glorieuses du point de vue des gains de productivité. On peut s'en rendre compte en faisant ce petit calcul : entre 1950 et 1975, soit un quart de siècle, la productivité du travail a été multipliée par 3, c'est-à-dire autant que durant le siècle précédent (1850-1950).

Mais n'est-ce pas un effet d'optique ? Les trente glorieuses n'auraient fait que combler les destructions accumulées de 1914 à 1945 et permis de renouer avec la tendance antérieure, ce qui expliquerait le rattrapage des pays européens par rapport aux États-Unis[1]. Cette analyse peut sembler quelque peu mécanique, car elle suppose qu'il existait un potentiel de productivité qui aurait fini, certes après un délai très long, par se manifester. Cette question en soulève d'ailleurs une autre : jusqu'à quel point les guerres, en l'occurrence les deux guerres mondiales, sont-elles des événements extérieurs, indépendants de la logique du capitalisme ? C'est l'objection qu'adresse Francisco Louçã dans un texte par ailleurs remarquable : « Il n'est pas possible de se réclamer des faits concrets si la démonstration repose sur un artefact statistique qui consiste à éliminer une partie de l'histoire des séries historiques[2]. »

1. C'est notamment la thèse soutenue par Isaac JOHSUA dans *Une trajectoire du capital*, Paris, Syllepse, 2006.

2. Francisco LOUÇÃ, « Ernest Mandel et la pulsation de l'histoire », 2003, http://gesd.free.fr/chico3.pdf ; voir aussi, du même auteur : *Turbulence in Economics*, Cheltenham, Edward Elgar, 1997.

LA TRAJECTOIRE DE L'ÉTAT SOCIAL

Le développement de l'État social peut se mesurer à partir du taux de prélèvements obligatoires qui est la somme des impôts et des cotisations rapportée au PIB. Jusqu'à la récession du milieu des années 1970, il était paré de toutes les vertus : sur le plan économique, il amortissait les récessions par le jeu des stabilisateurs économiques que l'on a retrouvé dans la crise récente. Les prestations versées et les dépenses publiques empêchaient la demande de chuter trop brutalement durant les récessions. Elles conféraient par ailleurs une légitimité sociale au capitalisme. Il y avait un coût à payer sous la forme d'une progression des cotisations sociales plus rapide que celle du PIB, mais ce mouvement a été en grande partie compensé par une baisse des impôts, toujours en proportion du PIB (graphique 8). La récession de 1974-1975 a bousculé ce fragile équilibre et a fait exploser le taux de prélèvements obligatoires : les cotisations sociales ont continué sur leur lancée et les impôts se sont mis eux aussi à progresser plus vite que le PIB. C'est l'époque où V. Giscard d'Estaing a cette formule lapidaire : « Au-dessus de 40 % de prélèvements obligatoires, c'est le socialisme. »

Graphique 8. Les prélèvements obligatoires en France, 1950-2009

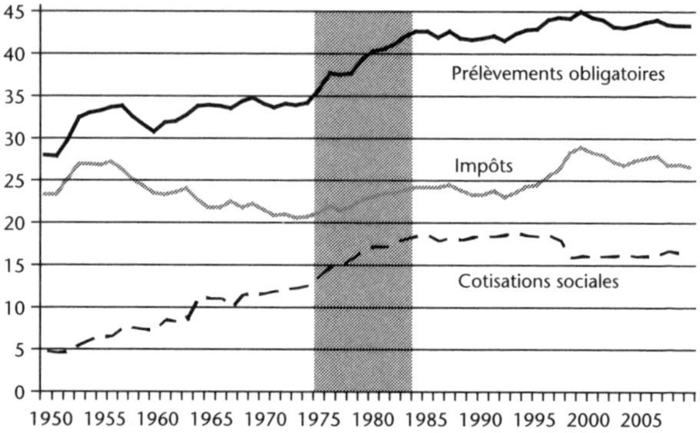

Sources : Robert DELORME et Christine ANDRÉ, *L'État et l'économie*, Paris, Seuil, 1983 ; Insee.

Il n'avait pas entièrement tort. L'augmentation du taux de prélèvements obligatoires signifie qu'une partie croissante de l'activité économique échappe au secteur privé et donc à la logique du profit. L'État social fonctionne selon une logique propre, une logique des besoins : que ce soit dans le cas des retraites ou de la santé, on ajuste les recettes (les taux de cotisations) aux besoins (les dépenses de santé et de retraites). On peut donc parler d'une tendance à la socialisation, efficace et légitime, qui pouvait conduire tout droit à une remise en cause sérieuse de la propriété privée. C'était le scénario imaginé par le grand économiste autrichien Joseph Schumpeter. Dans sa toute dernière conférence [1] prononcée en décembre 1949 devant le congrès de l'American Economic Association, il expliquait que même les économistes opposés au socialisme « se rallient sans discussion » aux axes de ce nouveau consensus social. Schumpeter cite les « poli-

1. Joseph SCHUMPETER, « La marche au socialisme », annexe à *Capitalisme, socialisme et démocratie*, *op. cit.*, http://gesd.free.fr/schump49.pdf.

tiques de stabilisation économique ; la désirabilité d'une plus grande égalité des revenus ; les mesures de réglementation des prix ; le contrôle public sur les marchés de la main-d'œuvre et de la monnaie ; une extension indéfinie de la catégorie des besoins qui devraient être, dans le présent ou dans l'avenir, satisfaits par l'initiative publique, soit gratuitement, soit selon le principe appliqué à la rémunération des services postaux ; tous les types de sécurité sociale ». Schumpeter en déduit que la transition à une forme de socialisme est inéluctable : « Il est possible de développer et de réglementer les institutions capitalistes en sorte que les conditions de fonctionnement des entreprises privées ne diffèrent plus guère de la planification socialiste authentique. »

Dans ses *Dix-Huit Leçons sur la société industrielle* [1], Raymond Aron récuse la thèse de l'« autodestruction du capitalisme ». Il

1. Raymond ARON, *Dix-Huit Leçons sur la société industrielle* [1962], Paris, Gallimard, « Folio Essais », 1998.

rejoint cependant Schumpeter, et même le paraphrase, pour dire qu'« un certain nombre des revendications socialistes d'il y a cinquante ans sont devenues aujourd'hui des évidences du capitalisme bien-pensant ». Mais c'est pour marquer aussitôt la double limite de cette socialisation : « Il n'y a pas de propriété collective généralisée, et il subsiste une large mesure de mécanismes du marché. »

Durant un quart de siècle, le modèle ainsi défini sera théorisé et revendiqué officiellement. Le capitalisme est dorénavant un système économiquement maîtrisé et socialement légitime. Le processus de socialisation est adéquat à son fonctionnement. Dans son manuel de référence, *Economics* [1], le prix Nobel Paul Samuelson écrit par exemple que, « grâce à l'emploi approprié et renforcé des politiques monétaires et fiscales, notre système d'économie mixte peut éviter les excès des *booms* et des récessions, et peut envisager une croissance progressive saine ». À peu près à la même époque, l'ancien ministre Lionel Stoleru dissertait ainsi : « On a dit, souvent, qu'une crise telle que la Grande Dépression ne pourrait plus se reproduire de nos jours, compte tenu des progrès des moyens d'intervention anticyclique de l'État. Ces prétentions, pour quelque présomptueuses qu'elles paraissent, ne sont pas sans fondements [2]. »

Ces retours en arrière sont nécessaires pour souligner à quel point le processus de socialisation était à l'époque considéré comme un acquis du capitalisme et qu'on y voyait des avantages. Le retournement est donc complet après la récession de 1974-1975. On passe progressivement à une remise en cause : les prélèvements obligatoires ne sont plus des instruments de régulation, mais deviennent des « charges » qui pèsent sur le dynamisme du capitalisme. Il s'agit dorénavant de les contenir, voire de les faire reculer. Le graphique 8 permet de vérifier que cet objectif a été en partie atteint, avec la stabilisation du taux de prélèvements obligatoires, mais à un niveau qui reste élevé : d'une certaine manière, l'État social « résiste » et il y a là un point d'achoppement majeur des politiques néolibérales.

1. Paul SAMUELSON, *Economics*, New York, McGraw Hill, 1967, p. 360.

2. Lionel STOLERU, *L'Équilibre et la croissance économique*, Paris, Dunod, 1968, p. 483.

L'INFLATION

Le même retournement peut être constaté en ce qui concerne l'inflation. La période fordiste s'accompagnait d'une inflation rampante qui avait même tendance à progresser. Mais, là encore, on y voyait plutôt des avantages. En rabotant les prix, l'inflation permettait en effet de maintenir les taux d'intérêt réels à un niveau très bas, ce qui favorisait le financement de l'investissement des entreprises et allégeait les charges d'intérêt de la dette publique. L'inflation était une sorte de lubrifiant de la croissance. Du côté des salaires, l'indexation était en pratique garantie : la norme salariale fordiste faisait progresser le salaire en fonction de la hausse des prix et de la productivité moyenne du travail. Cette règle était même incorporée dans certains contrats salariaux dans les grandes entreprises publiques et balisée par le mode de progression du salaire minimum. Cet encadrement et le rapport de forces entre salariés et employeurs conduisaient à une indexation de fait des salaires sur les prix.

Mais la récession de 1974-1975 a là encore conduit à un dérapage qui renvoie au ralentissement de la productivité. Les conflits de répartition s'étaient déjà durcis avant la crise, conduisant à des taux d'inflation élevés. Puis arrive ensuite le grand décalage : alors que la productivité ralentit brutalement, le salaire réel continue sur sa lancée. La part des salaires se met à augmenter et fait

Graphique 9. Inflation et part des salaires en France, 1960-2009

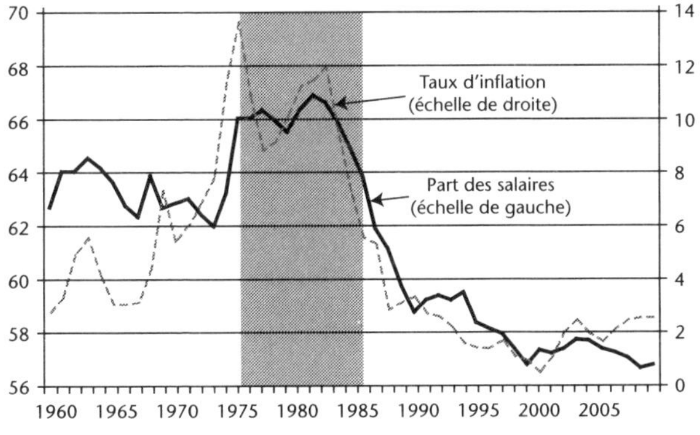

Source : Insee.

chuter la rentabilité. À partir de ce moment, l'inflation n'est plus considérée comme un facteur favorable à la croissance, mais comme un mal absolu : la phobie de l'inflation est, dès l'origine, un ingrédient essentiel de la doctrine néolibérale. Elle inspire des politiques brutales qui utilisent deux leviers. Le premier est le taux d'intérêt : en 1979, Paul Volcker, le président de la Réserve fédérale américaine, le fait passer à 20 % et cette hausse se transmet à l'ensemble des marchés financiers. Le second est la pression directe sur les salaires qui prend en France le nom de « désindexation ». La lutte contre l'inflation sert de prétexte pour casser la progression des salaires : certes, l'inflation baisse, mais aussi (et surtout) la part des salaires (graphique 9).

LA CRISE SYSTÉMIQUE

Le troisième niveau de crise porte sur les fondements mêmes du système, à savoir son mode d'efficacité propre et son mode de satisfaction des besoins sociaux. Il faut expliquer ces notions un peu abstraites. Pour simplifier, le capitalisme ne répond aux besoins sociaux que dans la mesure où cela peut se faire sous la forme marchande et reste compatible avec le maintien d'un taux de profit élevé. Quant à son efficacité, elle repose sur l'augmentation de la productivité du travail et donc, en fin de compte, sur un calcul économique en temps de travail.

La satisfaction des besoins sociaux n'est donc pas le but du capitalisme. Mais c'est une condition nécessaire de son fonctionnement : il ne servirait à rien de produire des marchandises potentiellement rentables si elles ne pouvaient être vendues, faute de demande. C'est l'une des intuitions les plus fructueuses de l'analyse régulationniste : il faut que ce qui est produit corresponde à la structure de la demande sociale. Par conséquent, le capitalisme doit répondre aux besoins sociaux, mais pas à n'importe lesquels : il façonne ces besoins de manière à les rendre compatibles avec ses critères. Il faut donc filtrer les besoins, les susciter, structurer la répartition des revenus de manière adéquate. Et la règle optimale est bien entendu d'orienter les besoins vers les marchandises susceptibles de procurer le maximum de profit et de se débarrasser autant que possible des productions non rentables.

Le fordisme, on l'a vu, était un moyen d'assurer une certaine compatibilité entre le profit et les besoins. De ce point de vue, le fordisme était le stade suprême du capitalisme, mais aussi une configuration exceptionnelle qui explique, mieux que les théories du rattrapage, les performances spectaculaires du capitalisme d'après guerre. Mais il s'agissait bien d'une parenthèse qui s'est refermée au début des années 1980. On a rappelé comment certains ont imaginé à l'époque un « postfordisme » ou un « néofordisme », où de nouveaux besoins prendraient le relais de l'automobile, tandis que de nouvelles formes de productivité fondées sur la coopération, la polyvalence, la qualification remplaceraient le taylorisme. Dans cette vision harmonieuse et même « harmoniciste », un nouveau contrat social était possible grâce aux infinies combinaisons possibles du capitalisme. Mais ce néofordisme n'a jamais vu le jour. Certes, de nouveaux biens de consommation

ont été inventés, que l'on pouvait produire avec de forts gains de productivité, mais aucun n'a représenté une masse de demande comparable à celle de l'automobile. Et même si cela avait été le cas, le tournant néolibéral avait démantelé les institutions nécessaires à la mise en place d'une telle régulation. Le ralentissement de la productivité est finalement l'indice de l'impossibilité d'un retour au fordisme sous des formes renouvelées.

Depuis le tournant néolibéral, l'écart se creuse ainsi entre la demande sociale et l'offre rentable. Dans les pays riches, la consommation se déplace vers des services auxquels est associée une moindre productivité. Au Sud, la majorité des besoins ne pourrait être satisfaite que dans des conditions de rentabilité inférieures aux normes établies sur le marché mondial. Il devient de plus en plus difficile au capitalisme contemporain de réduire cet écart : il cherche à le faire en étendant le champ de la marchandise et en organisant la répartition des revenus en faveur d'une consommation adéquate à ses critères. Il compte par exemple sur l'émergence d'une « classe moyenne mondiale » susceptible de lui fournir des débouchés rentables. Mais le résultat est une perte de légitimité puisque le capitalisme prospère à proportion de sa capacité à expulser les besoins non rentables. Ce « déni de production » qui consiste à ne répondre qu'à la demande rentable tranche avec la période du capitalisme fordiste. Le mode de satisfaction capitaliste des besoins sociaux est donc fragilisé et il atteint les limites de son efficacité propre.

Marx avait en son temps souligné la possibilité de cette crise systémique : « Dès lors que le travail sous sa forme immédiate a cessé d'être la grande source de la richesse, le temps de travail cesse nécessairement d'être sa mesure et, par suite, la valeur d'échange d'être la mesure de la valeur d'usage. Le surtravail de la masse a cessé d'être la condition du développement de la richesse générale, de même que le non-travail de quelques-uns a cessé d'être la condition du développement des pouvoirs universels du cerveau humain. Cela signifie l'écroulement de la production reposant sur la valeur d'échange [1]. »

1. Karl Marx, *Manuscrit de 1857-1858 (Grundrisse)*, Paris, Éditions sociales, tome 2, 1980, p. 193.

Bibliographie choisie

DOCKÈS Pierre et ROSIER Bernard, *Rythmes économiques. Crises et changement social, une perspective historique*, Paris, La Découverte/Maspero, 1983.

MANDEL Ernest, *Le Troisième Âge du capitalisme*, Paris, Éditions de la Passion, 1997.

MARX Karl, « Le vol du temps d'autrui, une base misérable », extrait des *Manuscrits de 1857-1858 (Grundrisse)*, Paris, Éditions sociales, tome II, 1980, p. 192-196, http://gesd.free.fr/grundx1.pdf.

ROELANDTS Marcel, *Dynamiques, contradictions et crises du capitalisme*, I : *Mise en perspective*, Bruxelles, Contradictions, 2010.

ROSIER Bernard, *Les Théories des crises économiques*, Paris, La Découverte, « Repères », 2003, 5e éd.

10. POURQUOI ON VA DANS LE MUR

« Il nous faut payer pour les péchés du passé. »

Klaus SCHWAB, 2008 [1].

L'éclatement de la crise a suscité une masse énorme d'analyses que l'on pourrait classer selon les réponses qu'elles donnent, ou qu'elles suggèrent, à deux grandes interrogations sur sa nature : s'agit-il d'une crise financière ou d'une crise systémique ? Est-ce une crise de la variante néolibérale du capitalisme ou du capitalisme en tant que système ? Personne ne conteste que la crise est née sur un segment assez étroit de la finance mondiale, les fameux *subprimes*, ce qui a d'ailleurs conduit certains commentateurs à prédire qu'elle serait d'une ampleur limitée. On comprend mieux aujourd'hui les raisons qui ont amené cette « défaillance » à mettre en péril le système financier et bancaire à l'échelle mondiale. Les récits de cette contamination ne manquent pas et révèlent la dimension proprement démentielle des dérives de la finance. Cela étant dit, peut-on séparer le bon grain de l'ivraie et opposer le bon capitalisme qui investit et innove à une finance spéculative et prédatrice, comme avait pu le faire Nicolas Sarkozy dans son discours de Toulon [2] ? Il est important de comprendre que la finance n'est pas une excrois-

1. « *We have to pay for the sins of the past* », Klaus Schwab, président-fondateur du World Economic Forum au sommet de Davos de janvier 2008, http://gesd.free.fr/schwab.pdf.

2. Discours de M. le Président de la République, Zénith de Toulon, 25 septembre 2008, http://gesd.free.fr/sarkotoulon.pdf.

sance : elle est au contraire un rouage essentiel du capitalisme dans sa version néolibérale.

LA PRISE DE POUVOIR DE LA FINANCE

Le crédit est nécessaire au fonctionnement du capitalisme. À court terme, il fait le lien entre les achats et les ventes des entreprises. À moyen et long terme, il contribue au financement de l'investissement. Le crédit à la consommation a facilité l'accès des ménages à des biens durables comme l'automobile ou le logement. Sans ce lubrifiant, l'économie aurait du mal à tourner, et la contraction du crédit (*credit crunch*) a d'ailleurs été l'une des voies de transmission de la crise financière à l'économie dite réelle. Le recours au crédit est en soi rationnel dans la mesure où il permet d'anticiper sur des revenus futurs. Dans le cas de l'investissement, la règle est simple : les profits attendus permettront de

couvrir les intérêts à verser. Hors les périodes de crise, le taux d'intérêt doit être inférieur au taux de profit, la différence entre les deux servant de « levier » à l'accumulation du capital. Pendant toute la période des trente glorieuses, l'investissement des entreprises était aux deux tiers autofinancé, le reste étant couvert par le crédit. Le capitalisme fonctionnait sans recours notable aux marchés financiers.

Le grand tournant néolibéral des années 1980 a, là aussi, introduit une rupture fondamentale. On peut reprendre ici la grille de lecture prémonitoire que l'économiste polonais Michael Kalecki avait proposée avant même la fin de la Seconde Guerre mondiale [1]. Il distinguait trois grands acteurs : les *managers*, les rentiers et les salariés, et considérait que deux grandes configurations étaient possibles : soit une alliance des *managers* et des salariés conduisant à une forme d'« euthanasie des rentiers » (pour reprendre l'expression de Keynes) ; soit au contraire une alliance des *managers* et des rentiers sur le dos des salariés. On est effectivement passé de l'une à l'autre.

La genèse de la financiarisation est éclairante. Tout commence en 1979, lorsque la Banque fédérale américaine augmente brutalement ses taux d'intérêt. Ce levier est actionné de manière à modifier les rapports de forces sociaux et mondiaux. L'un de ses effets immédiats est de plonger un grand nombre de pays du Sud dans une crise de la dette profonde et durable : du jour au lendemain, ou presque, les taux d'intérêt font un bond en avant qui déséquilibre la balance des paiements de ces pays. On a là un bon exemple de la « stratégie du choc » analysée par Naomi Klein [2], mais elle ne concerne pas seulement les pays du Sud. Il s'agit au bout du compte de modifier durablement le rapport de forces triangulaire entre entrepreneurs, « rentiers » et salariés. Certes, le capitalisme fordiste ne reposait pas sur un accord à l'amiable entre capitalistes et salariés et le rapport de forces institué après la guerre y était pour beaucoup, mais la finance était en tout cas réduite à la portion congrue, qu'il s'agisse de l'investissement des entreprises ou du patrimoine des ménages.

1. Michael Kalecki, « Political aspects of full employment », *Political Quarterly*, 1943, http://gesd.free.fr/kalecki43.pdf.

2. Naomi Klein, *La Stratégie du choc. La montée d'un capitalisme du désastre*, Arles, Actes Sud, 2008.

Après la récession de 1974-1975 et l'échec des politiques classiques de relance, il fallait rétablir le taux de profit en cassant la progression des salaires et en restructurant l'appareil productif. C'est dans cette période que l'on assiste à un basculement d'alliance : la finance va servir de moyen de pression sur les salaires et son essor ultérieur ne peut être compris sans référence à cette genèse. L'augmentation des taux d'intérêt élimine les canards boiteux et contraint les entreprises à compenser cette hausse au détriment des salaires. Il y a donc eu un mélange très efficace de politiques délibérées de la part des gouvernements et d'une offensive patronale contre les salaires.

Ces deux volets sont étroitement imbriqués, comme en témoigne la chronologie dans le cas français. En 1982 et 1983, on renonce à la relance pour passer à la rigueur, puis à l'austérité. Sous prétexte de combattre l'inflation, on déconnecte les salaires des gains de productivité et on enclenche un mouvement, particulièrement rapide en France, de baisse de la part des salaires tout au long des années 1980. La rentabilité des entreprises se rétablit, mais reste grevée par les charges d'intérêt : le début de la décennie suivante sera consacré au désendettement, puis, dès que ce résultat sera atteint, le transfert du profit vers les dividendes pourra commencer. Ce recul de la part des salaires est général et s'appuie sur une offensive antisyndicale marquée par des conflits symboliques qui servent de tests politiques : grève des contrôleurs aux États-Unis, grève des mineurs au Royaume-Uni, grève des sidérurgistes en France. Comme le dit le directeur de l'ultralibéral Institut Hayek : « Thatcher et Reagan ont sauvé la démocratie du règne de la rue, sans violence disproportionnée. De cela l'histoire leur sera reconnaissante [1]. »

L'étape suivante consiste à mettre en place les conditions favorables à l'essor de la finance : des mesures de déréglementation font tomber les obstacles et on fabrique éventuellement de toutes pièces des marchés financiers. En France, c'est une initiative gouvernementale de Pierre Bérégovoy qui a permis de construire, à partir de presque rien, le Matif (Marché à terme des instruments financiers), et cela dès 1984. Le programme est donc

1. Drieu GODEFRIDI, « L'inéluctable moment Thatcher-Reagan des démocraties européennes », *Les Échos*, 5 septembre 2005, http://gesd.free.fr/godfri.pdf.

très clair : d'abord geler les salaires, ensuite libérer la finance. Il ne s'agit pas de lois économiques immanentes, mais d'impératifs socioéconomiques. Le capitalisme peut se passer de la finance, mais cela va de pair avec un compromis (relatif) avec les salariés. La montée en charge de la finance est donc le produit de décisions politiques, et la meilleure preuve en sera le rôle croissant attribué à des institutions internationales, comme le FMI et l'OMC, dont l'une des principales fonctions est d'assurer la libre circulation des capitaux, qui est aussi l'un des principes fondamentaux de la construction européenne néolibérale.

Plusieurs tendances permettent de repérer le processus de financiarisation. La première, sur laquelle on reviendra, est l'augmentation de la part de la valeur ajoutée qui revient aux actionnaires. La seconde, qui est en quelque sorte un phénomène dérivé, est la croissance de la capitalisation boursière. Le premier phénomène est réel : les dividendes versés sont du profit non investi. Ils correspondent donc à une fraction du surplus annuel et représentent une contrepartie du PIB. L'actionnaire qui reçoit un dividende perçoit un revenu réel qu'il peut décider de consommer ou de réinvestir. La financiarisation est ici mesurée par la part des dividendes dans la valeur ajoutée ou dans le profit.

La capitalisation boursière est au contraire un stock dont la valeur est virtuelle ou fictive. Elle se calcule comme la somme de la valeur de toutes les actions en fonction de leur cours à un moment donné. Supposons que je possède les 1 000 actions qui constituent le capital d'une entreprise. Si chaque action est cotée 1 euro, mon patrimoine est de 1 000 euros et mon entreprise entre pour 1 000 euros dans la capitalisation boursière totale. Supposons maintenant que le cours de l'action double : mon patrimoine passe à 2 000 euros. Mais cette « richesse » supplémentaire est une pure fiction. Si l'action redescend à 1 euro, tout le monde revient à la case départ et rien ne s'est passé. Le véritable test intervient au moment où un actionnaire décide de récupérer sa mise en vendant tout ou partie de son portefeuille.

Il faut donc bien distinguer taux de profit et taux de rendement financier. Le taux de profit est déterminé dans la sphère réelle alors que le taux de rendement financier est par nature virtuel. Normalement, il y a un lien entre les deux : le taux de rendement des actions anticipe les évolutions du taux de profit. Mais la

grande nouveauté de la financiarisation est que la sphère financière largue les amarres : le cours des actions s'envole et tout lien est rompu avec la rentabilité effective des entreprises. Ce phénomène est d'autant plus irrationnel que la contribution nette des marchés financiers au financement des entreprises est marginale, voire négative compte tenu de la pratique de rachat de leurs propres actions par les entreprises. La Bourse est pour l'essentiel un marché secondaire : les actions qui s'y échangent sont des actions déjà émises et ne représentent pas un apport d'argent frais.

Un retour à la loi de la valeur (ou tout simplement à la logique comptable) permet de comprendre pourquoi cet envol des rendements boursiers est une pure fiction. Le point d'ancrage est le suivant : la valeur nouvelle est créée par le travail. Celle-ci est ensuite répartie entre salaires, profits d'entreprise, dividendes, impôts, etc. Le montant total de ce qui est ainsi réparti ne peut excéder la valeur de ce qui a été produit. S'il existe une « loi » en économie, c'est bien celle-là. Les titres financiers doivent être considérés comme un « droit de tirage » sur cette richesse produite. Ils disposent d'une valeur « faciale » qui est le cours auquel ils s'échangent sur le marché financier. Si la somme de ces droits de tirage dépasse la richesse disponible et qu'ils cherchent à s'exercer effectivement, alors ils doivent être dévalorisés. C'est exactement ce qui s'est passé au moment du boom Internet, au début des années 2000.

La finance ne crée donc pas de valeur, même si elle agit sur sa répartition. Les retraites donnent un exemple concret d'application de cette règle. L'un des arguments en faveur des fonds de pension consistait à dire que le rendement de la capitalisation est supérieur à celui de la répartition. En répartition, on peut au mieux obtenir le taux de croissance du PIB (2 % à 3 %) alors que la capitalisation permet d'accéder à des rendements boursiers deux ou trois fois supérieurs. Certes, cet argument a souffert de la crise financière. Mais, même avant cette épreuve pratique, il était

absurde : si une économie croît de 3 % chaque année, tous les revenus ne peuvent augmenter de 9 % chaque année. Si certains revenus bénéficient d'une telle performance, ce ne peut être qu'au détriment d'autres.

Mais la financiarisation pèse aussi sur la logique des entreprises et l'on retrouve ici l'opposition entre *managers* et actionnaires, que l'on peut résumer sous forme d'un conflit d'intérêts. Les *managers* se fixent un objectif de croissance maximale de la firme à moyen et long terme (le profit n'étant alors que le moyen de l'accumulation) tandis que les actionnaires visent le rendement le plus élevé possible à court terme. Il en résulte un arbitrage qui se modifie au détriment de l'accumulation, à mesure que progresse le pouvoir des actionnaires. Cette théorie renouvelée de la firme s'inscrit dans une tradition postkeynésienne et ouvre une voie très fructueuse [1]. Elle montre que le poids relatif de ces deux objectifs conduit à une trajectoire différente et en particulier à un comportement d'investissement différent. Et il est clair de ce point de vue que le capitalisme contemporain se caractérise par un poids croissant des actionnaires.

Les dangers de la financiarisation sont apparus clairement avec la crise actuelle qui met à mal la thèse dominante. Cette dernière soutient que la finance remplit une fonction irremplaçable en fournissant à l'activité économique les ressources dont elle a besoin et en faisant prévaloir des critères exigeants et réactifs d'efficacité économique. Cette hypothèse d'« efficience des marchés financiers » a servi de justification aux politiques systématiques de déréglementation : c'est en libérant les marchés financiers de toute entrave qu'on pourrait atteindre le maximum de rationalité. Aujourd'hui, les mêmes qui soutenaient cette position reconnaissent la nécessité d'un minimum de régulation. Mais c'est du bout des lèvres. Non seulement les décisions prises dans le domaine sont cosmétiques, ou programmées pour les calendes

1. Parmi cette littérature, on recommande les contributions suivantes : Engelbert Stockhammer, « Financialization and the slowdown of accumulation », *Cambridge Journal of Economics*, vol. 28, n° 5, 2004, http://gesd.free.fr/stockh2004.pdf ; Till Van Treeck, « Reconsidering the investment-profit nexus in finance-led economies », *Metroeconomica*, vol. 59, n° 3, 2008, http://gesd.free.fr/treeck8.pdf ; Özgür Orhangazi, « Financialisation and capital accumulation in the non-financial corporate sector », *Cambridge Journal of Economics*, vol. 32, 2008, http://gesd.free.fr/orhangazi.pdf ; Thomas Dallery, « Post-keynesian theories of the firm under financialization », *Review of Radical Political Economics*, vol. 41, n° 4, 2009, http://gesd.free.fr/dallery9.pdf.

grecques, et en outre, comme le note le *Manifeste des économistes atterrés*, « la crise est interprétée non pas comme un résultat inévitable de la logique des marchés dérégulés, mais comme l'effet de la malhonnêteté et de l'irresponsabilité de certains acteurs financiers mal encadrés par les pouvoirs publics [1] ».

AUX RACINES DE LA FINANCIARISATION

À l'encontre de la vision « parasitaire », il faut au contraire insister sur la fonctionnalité de la finance : elle fait partie intégrante du capitalisme contemporain et son poids croissant est en soi un indice de dysfonctionnements chroniques du capitalisme réellement existant. Pour s'en convaincre et dépasser l'explication « financiariste » de la crise, il faut décrire les principaux « faits stylisés » qui caractérisent le capitalisme contemporain, à savoir :

1. http://atterres.org/

1) baisse de la part des salaires et hausse du taux de profit ; 2) stagnation du taux d'accumulation ; 3) augmentation de la part des dividendes.

Fait stylisé n° 1 : baisse de la part des salaires et montée du taux de profit

La baisse de la part des salaires est un phénomène aujourd'hui à peu près universel qui a été relevé par la plupart des organismes internationaux, comme le FMI, l'OCDE ou la Commission européenne. Cette baisse résulte de la non-redistribution des gains de productivité aux salariés. Le partage du surplus entre profits et salaires est donc modifié au détriment de ces derniers. Dans tous les cas, la chronologie est semblable : la part salariale est à peu près stable jusqu'à la crise du milieu des années 1970 qui conduit à la faire augmenter. Le retournement de tendance intervient au cours de la première moitié des années 1980 : la part salariale se met à baisser, puis tend à se stabiliser à un niveau historiquement très bas [1].

Graphique 10. Part des salaires dans la valeur ajoutée, États-Unis + Union européenne + Japon, 1960-2008

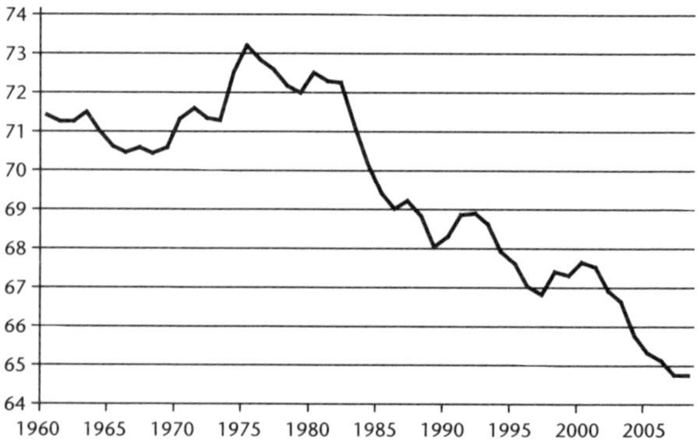

Source : Commission européenne, Base de données Ameco, moyenne pondérée par le PIB.

1. Ce constat a donné lieu, en particulier dans le cas français, à des controverses technico-économiques que l'on ne peut résumer ici. Les pièces de ce dossier, notamment le débat avec Denis Clerc, sont disponibles à cette adresse : http://tinyurl.com/parsal.

Avec des différences dans le calendrier et dans le profil des évolutions, cette tendance est à peu près universelle, comme le souligne l'Organisation internationale du travail : « La part des salaires dans le revenu total a baissé dans près des trois quarts des pays étudiés [...]. Le profil de la baisse a été semblable dans la plupart des pays : les parts des salaires ont baissé régulièrement au cours des trois dernières décennies, à l'exception de la fin des années 1980 et du début des années 1990 et à nouveau à la fin des années 1990. La baisse de la part des salaires a été particulièrement rapide au cours des années 1980 et au début des années 2000 [1]. »

Cette baisse de la part des salaires a conduit à un rétablissement du taux de profit dans les principaux pays capitalistes. Le taux de profit rapporte le profit total à la valeur du capital engagé. On peut ensuite le décomposer en deux éléments : au numérateur, on trouve le taux de marge, c'est-à-dire la part du profit dans la valeur ajoutée ; au dénominateur figure l'intensité capitaliste, c'est-à-dire le volume de capital par unité produite.

Le taux de profit augmente donc quand la part des salaires baisse (ce qui fait augmenter le taux de marge) et quand la production est plus économe en capital (l'intensité capitaliste baisse). Dans une période où la part des salaires baisse, le taux de profit n'aurait pu baisser que si un alourdissement du capital avait plus que compensé la compression salariale. Ce n'est pas ce qui s'est produit, et on constate que le taux de profit tend à augmenter à partir du milieu des années 1980 (graphique 11).

L'évolution du taux de profit permet de retrouver une périodisation déjà décrite. À partir du niveau élevé atteint durant les trente glorieuses, le taux de profit commence à baisser, dès 1967 aux États-Unis, à partir de la récession de 1974-1975 dans les autres pays. Ce recul brutal n'est pas freiné par les politiques de type keynésien mises en œuvre. Le tournant vers des politiques néolibérales au début des années 1980 conduit à un brusque rétablissement du taux de profit tout au long des années 1990. Ensuite, le mouvement à la hausse se poursuit, avec d'amples fluctuations

1. OIT, *Income Inequalities in the Age of Financial Globalization*, World of Work Report 2008, ILO, http://tinyurl.com/WWR2008.

Graphique 11. Le taux de profit dans les principaux pays capitalistes, Allemagne + États-Unis + France + Royaume-Uni, 1960-2008

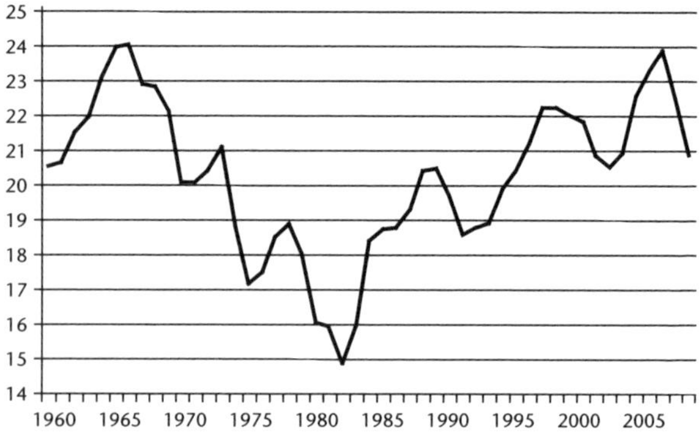

Sources : comptes nationaux ; Michel HUSSON, *La Hausse tendancielle du taux de profit*, 2010, http://hussonet.free.fr/tprof9.pdf.

et des profils différents selon les pays, jusqu'à la crise récente qui le fait fortement baisser [1].

Fait stylisé n° 2 : le « ciseau » entre profit et investissement

La baisse de la part salariale a pour contrepartie une augmentation du taux de marge, autrement dit de la part de la valeur ajoutée qui va au profit : c'est le partage primaire des revenus. La question qui se pose ensuite est de savoir à quoi a été consacré ce supplément de profit. Au début des années 1980, la modération salariale était justifiée par le « théorème de Schmidt », du nom du chancelier allemand de l'époque qui l'avait énoncé ainsi : « Les profits d'aujourd'hui sont les investissements de demain et les emplois d'après-demain. » Or la première partie de ce théorème n'a pas fonctionné, ni en Europe ni aux États-Unis : le taux de marge augmente, mais le taux d'investissement (en proportion du PIB) ne suit pas. Au-delà des fluctuations conjoncturelles, le taux d'investissement stagne, voire s'oriente à la baisse (graphique 12).

1. Ce constat ne fait pas consensus. Sur ce débat, voir Michel HUSSON, « Le débat sur le taux de profit », *Inprecor*, n° 562-563, juin-juillet 2010, http://hussonet.free.fr/debaprof.pdf.

Graphique 12. Profit et investissement, États-Unis + Union européenne + Japon, 1960-2008

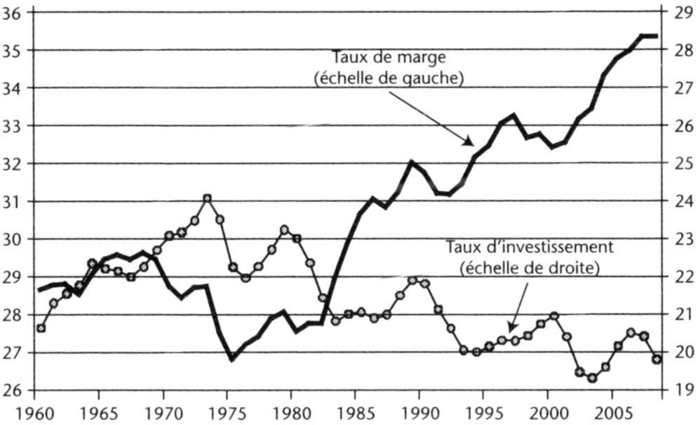

Taux de marge = profit en % de la valeur ajoutée. Taux d'investissement en % de la valeur ajoutée. Moyenne pondérée par le PIB.
Source : Commission européenne, Base de données Ameco.

La baisse de la part salariale et la stagnation du taux d'investissement dessinent alors une configuration relativement inédite dans l'histoire du capitalisme qui remet en cause les principales justifications invoquées en faveur de la modération salariale, comme moyen de rétablir la compétitivité. Dans la mesure où la majeure partie du commerce international des pays développés s'exerce entre eux, une modération salariale généralisée ne modifie pas significativement les positions compétitives relatives de ces pays. Entre l'Union européenne et les États-Unis, les variations du taux de change entre l'euro et le dollar ont un impact beaucoup plus important que les coûts salariaux. À l'intérieur de l'Union européenne, il s'agit d'un jeu à somme nulle : ce que gagne un pays en parts de marché, un autre le perd.

Dans ces conditions, le constat d'une baisse de la part salariale suffit à montrer que l'effet de la modération salariale sur la compétitivité a été détourné. Supposons en effet qu'un pays baisse ses salaires et répercute cette baisse sur les prix pour gagner en compétitivité : dans ce cas, la part salariale doit rester constante. Le fait même que la part salariale baisse permet donc d'affirmer que la modération salariale n'a pas servi à rétablir la compétitivité, mais à restaurer la rentabilité des entreprises.

Le fait que ce rétablissement du taux de marge n'ait pas tiré l'investissement montre qu'il a été consacré à autre chose qu'à l'élargissement des capacités productives ou à l'amélioration de la compétitivité hors coût, autrement dit celle qui passe par l'innovation, la qualité des produits et leur meilleure adaptation à la demande. La question fondamentale reste donc de savoir à quoi ont été consacrées ces marges supplémentaires de profit.

Fait stylisé n° 3 : la montée des dividendes

L'arithmétique est simple : la part des salaires baisse et celle de l'investissement stagne. Il faut bien que quelque chose augmente. La réponse est évidente : la principale contrepartie de la baisse des salaires est une véritable explosion des dividendes. Il faut ici raisonner sur les dividendes nets (autrement dit, déduire les dividendes versés par les entreprises) pour avoir une mesure adéquate du profit non investi. On constate alors que ce dernier représente aujourd'hui en France près de 13 % de la masse salariale (cotisations comprises) contre 4 % au début des années 1980. Comme le montre le graphique 13, l'évolution est la

Graphique 13. Dividendes nets en % de la masse salariale, États-Unis, France, 1960-2008

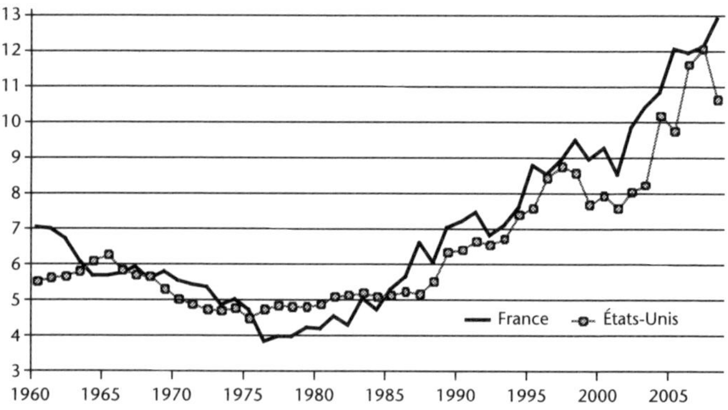

Sources : Bureau of Economic Analysis ; Insee.

même aux États-Unis ainsi que dans d'autres pays, même si les statistiques disponibles sont très incomplètes [1].

LA STRUCTURE DE LA CRISE ACTUELLE

L'ensemble de ces faits stylisés conduit à un schéma d'ensemble permettant de décrire le fonctionnement du capitalisme néolibéral (schéma 1) et de lire les enchaînements qui ont conduit à la crise. Il faut introduire ici deux éléments de contexte, autrement dit les transformations de l'environnement du capitalisme qui ne résultent pas de ses mécanismes internes. Le premier est la montée du taux de chômage qui fait basculer le rapport de forces entre capital et travail. Ce levier conduit à la baisse de la part des salaires, le « fait stylisé » n° 1.

Le deuxième élément de contexte concerne ce que l'on pourrait appeler la raréfaction des occasions d'investissement rentable. L'idée est la suivante et elle a déjà été développée : la même rentabilité n'est pas associée à la satisfaction des différents besoins sociaux. Par ailleurs, si on raisonne en dynamique, les perspectives de profit ne sont pas non plus les mêmes selon les gains de productivité potentiels associés aux secteurs où l'on investit. Or la demande sociale se déplace des biens manufacturés vers les services, donc de secteurs à forte productivité vers des secteurs à moindre productivité, tout cela dans un contexte de ralentissement général de la productivité moyenne. Et, il faut le répéter, les gains de productivité constituent le support des profits à venir. Ces évolutions de fond conduisent donc à un rétrécissement du champ de la rentabilité qui explique le ciseau entre le profit qui se rétablit et l'investissement qui ne suit pas : c'est le « fait stylisé » n° 2.

Baisse de la part des salaires et stagnation de l'investissement se combinent pour conduire au « fait stylisé » n° 3, à savoir une distribution accrue de dividendes aux actionnaires. Cette augmentation du profit distribué rétroagit de deux manières sur la configuration d'ensemble. Elle conduit d'un côté à élever les normes de rentabilité et à exiger une « hyperrentabilité » de la part des entreprises. On retrouve ici la fameuse norme de 15 % de rentabilité des fonds propres, maintes fois dénoncée. À juste titre, parce

1. Voir Michel Husson, « Le partage de la valeur ajoutée en Europe », *La Revue de l'Ires*, n° 64, 2010, http://hussonet.free.fr/psalirsw.pdf.

Schéma 1. Un schéma général d'analyse

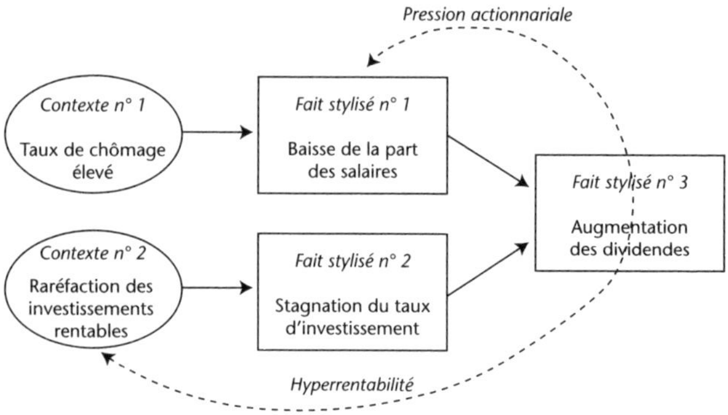

qu'une économie qui croît au mieux à 3 % par an ne peut offrir durablement un tel rendement à ses actionnaires. Pour essayer malgré tout de répondre à ces exigences, les entreprises n'ont alors qu'un moyen à leur disposition : la compression salariale. Sur le schéma, les deux flèches en pointillé illustrent ces effets en retour qui renforcent la cohérence d'ensemble de ce modèle.

Pour en sortir, il faudrait, comme le soulignait Patrick Artus, que le capitalisme accepte « un rendement plus faible des placements et une rentabilité plus faible du capital » et que la finance renonce aux « actifs artificiels dont le sous-jacent n'aboutit pas au financement d'investissements utiles [1] ». C'est parfaitement vrai, mais c'est en même temps tout à fait impossible, et cette impossibilité renvoie aux traits essentiels de ce système.

Le capitalisme est, répétons-le, un système fondé sur la concurrence entre capitaux : tout capitaliste individuel qui refuserait de livrer la bataille serait à terme condamné à la faillite, quelles que soient ses intentions. Quand un patron justifie des licenciements ou des délocalisations par l'impératif de compétitivité, il a en général raison, même s'il peut être tenté de prendre prétexte de ces contraintes pour « surréagir » et augmenter son profit.

1. Patrick Artus, « Et maintenant, que faut-il faire ? », *Flash*, n° 42, Natixis, 2008, http://gesd.free.fr/flas8042.pdf ; « L'épargne doit financer la croissance », *Flash*, n° 87, Natixis, 2008, http://gesd.free.fr/flas8087.pdf.

Et cette logique est encore renforcée par la mondialisation. Le schéma qui vient d'être présenté a en effet l'inconvénient d'être un peu « hors sol » et il faut le plonger dans une vision plus large. La mondialisation durcit encore et « territorialise » toutes les articulations de ce schéma. La mise en concurrence des salariés à l'échelle mondiale et les possibilités offertes aux actionnaires de retirer leurs billes quasi instantanément accentuent la pression sur les salariés. Cette organisation de l'économie mondiale, on ne le rappellera jamais assez, n'est pas née spontanément : elle a été construite de manière délibérée et systématique par les gouvernements et leurs émanations supranationales. Les instruments d'une possible régulation à l'échelle mondiale ont été minutieusement éliminés, souvent par ceux-là mêmes qui en redécouvrent aujourd'hui les supposés bienfaits. La conséquence essentielle de cette déconstruction est qu'il n'existe pas d'instance internationale capable de fixer les règles du jeu. C'est la raison pour laquelle l'après-crise est caractérisée par un renforcement des rivalités entre les principales puissances capitalistes et, au niveau européen, par une absence à peu près totale de coopération qui débouche sur une politique d'austérité généralisée absolument sidérante. Toutes ces tendances sont encore renforcées par le grand basculement du monde : les marchés les plus dynamiques et la main-d'œuvre la moins chère se trouvent dans les pays émergents, et cette « attractivité » conduit à une déconnexion entre exportations et marché intérieur dont l'Allemagne est un exemple frappant.

Outre la déréglementation universelle et la liberté de manœuvre totale accordée à la finance et aux capitaux, on a vu que l'économie mondiale s'est structurée de manière très particulière autour du couple États-Unis/Chine et que les déséquilibres commerciaux se sont accrus. Cela veut dire aussi que l'ampleur des mouvements de capitaux nécessaires pour financer ces déficits extérieurs est venue alimenter les liquidités disponibles et la recherche d'une hyperrentabilité.

L'image de l'économie capitaliste avant la crise est donc celle d'une masse énorme de « capitaux libres » alimentée par la compression salariale et par les déséquilibres internationaux. Grâce à la dérégulation financière, ces capitaux circulent librement à la recherche d'une hyperrentabilité que les conditions concrètes de production de surplus ne peuvent garantir que virtuellement. Il est donc logique que cette fuite en avant se dénoue dans la sphère financière, mais cela n'implique en rien qu'il s'agisse d'une crise strictement financière. Désigner les financiers et les inventeurs de « produits dérivés » sophistiqués et opaques comme les seuls fauteurs de crise, c'est ignorer les causes profondes de la crise.

Les arrangements du capitalisme néolibéral sont favorables à l'exigence de rentabilité, mais ils posent *a priori* un problème de réalisation : si la part des salaires baisse et si l'investissement stagne, qui va acheter la production ? Autrement dit, quels sont, pour reprendre le terme de Marx, les schémas de reproduction compatibles avec ce nouveau modèle ?

Le premier élément de réponse est que la consommation des ménages n'a pas suivi l'évolution de la répartition des revenus au détriment des salaires, et ce pourrait être notre « fait stylisé » n° 4. Aux États-Unis, la part des salaires reste relativement constante, tandis que la consommation des ménages augmente beaucoup plus vite que le PIB. En Europe, c'est la part de la consommation dans le PIB qui reste à peu près constante, malgré un recul marqué de la part salariale. Dans les deux cas, l'écart se creuse entre part des salaires et part de la consommation (zone grisée du graphique 14), de manière à compenser l'écart symétrique entre profit et accumulation.

Ce nouveau « ciseau », entre salaires et consommation, peut s'expliquer de deux façons : soit le taux d'épargne a baissé (les ménages consommant une fraction croissante de leur revenu), soit la consommation issue de revenus non salariaux a augmenté plus rapidement, compensant la stagnation, voire le recul de la consommation salariale.

Tous ces mécanismes ont joué de manière différente selon les pays et on y retrouve toujours le rôle de la finance. C'est elle qui comble l'écart potentiel entre salaires et consommation, en empruntant plusieurs voies. La première est la consommation des « rentiers » : une partie de la plus-value non accumulée est distribuée aux détenteurs de revenus financiers qui la consomment. La finance introduit de plus un certain brouillage entre salaires et rentes : une partie croissante du revenu de certains salariés prend la forme de rémunérations financières qui peuvent

Graphique 14. Salaires et consommation privée en % du PIB, États-Unis + Union européenne, 1970-2008

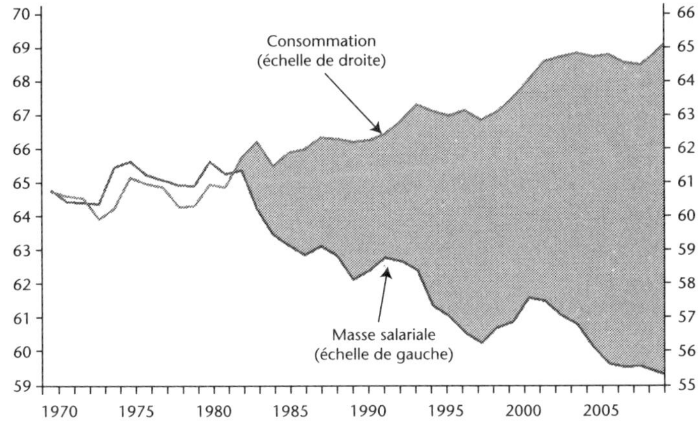

Sources : Bureau of Economic Analysis ; Base de données Ameco.

être analysées comme une distribution de plus-value plutôt que comme un véritable salaire. La reproduction n'étant possible que si la consommation des rentiers vient épauler celle des salariés afin de fournir des débouchés suffisants, la montée des inégalités est donc consubstantielle à ce modèle.

La finance a aussi permis, dans plusieurs pays, un développement exponentiel de l'endettement des ménages dont la consommation augmente, non pas en raison d'une progression des salaires, mais par baisse du taux d'épargne. Enfin, c'est elle qui permet la croissance à crédit des États-Unis en assurant le financement de leur déficit commercial.

Il faut donc insister là-dessus : la finance n'est pas un parasite sur un corps sain, mais le moyen de « boucler » la reproduction du capitalisme néolibéral. Certes, c'est du côté de la finance qu'est arrivée la crise, mais celle-ci ne fait que révéler les contradictions d'une configuration du capitalisme, celles précisément que la finance a jusqu'ici permis de « gérer ».

LES PHASES DE LA CRISE

On peut distinguer plusieurs phases dans l'évolution de la crise (voir tableau 10). Après la phase 1 du déclenchement est venue la phase 2 de la « reprise », à laquelle succède aujourd'hui une phase 3, dite de « sortie de crise ». Trois facteurs conjoncturels jouent de manière différente au cours de ces différentes phases : les stabilisateurs sociaux, les prix des matières premières et les plans de relance. Les stabilisateurs sociaux, c'est-à-dire les dispositifs permettant de maintenir les revenus ou l'emploi (prestations, chômage partiel, etc.), ont effectivement contribué à réduire en partie l'amplitude de la récession. Puis les plans de relance ont permis, dans une proportion qu'il est difficile d'évaluer faute de recul suffisant, de relancer l'activité.

Tableau 10. De la minireprise à la non-sortie de crise

	Phase 2 *« Reprise »*	*Phase 3* *« Sortie de crise »*
Facteurs conjoncturels – plans de relance – stabilisateurs sociaux – prix des matières premières	Soutien à l'activité	*Épuisement des effets positifs* – rééquilibrages budgétaires – licenciements et austérité salariale – hausse du prix du pétrole
Contradictions structurelles – répartition des revenus – déséquilibres internationaux – fractionnement européen	Faible intensité	*Durcissement* – blocage de la demande – fin du surendettement aux États-Unis – concurrence intra-européenne accrue
Croissance	Petit rebond	Stabilisation-stagnation
Emploi	Baisse contenue	Ajustement brutal

Durant la phase 2, les contradictions structurelles ont pesé moins fortement sur la conjoncture. La part des salaires a augmenté, en raison d'un freinage du salaire réel moindre que le recul de la productivité. Le repli de l'activité et la remontée des taux d'épargne (particulièrement sensible aux États-Unis) ont réduit les déséquilibres mondiaux. Enfin, tant qu'il s'agissait d'injecter des liquidités pour sauver les banques, les institutions européennes, et notamment la BCE, ont réagi de manière relativement cordonnée.

La phase 3 s'est ouverte plus vite, finalement, qu'on aurait pu le prévoir, avec le tournant généralisé vers l'austérité en Europe. Elle est caractérisée par un double renversement de situation. Les effets positifs des facteurs conjoncturels s'épuisent : les coupes budgétaires succèdent aux plans de relance ; les entreprises vont chercher à rétablir leurs marges en réduisant salaires et embauches ; enfin, le prix des matières premières se retourne à la hausse. Et, dans le même temps, les contradictions structurelles se durcissent : la pression sur les salaires s'exerce à nouveau, rien ne prend le relais du surendettement aux États-Unis et dans plusieurs pays européens, tandis que la zone euro se retrouve au bord de l'éclatement sous les coups de boutoir des « marchés financiers ».

Les perspectives à moyen terme sont donc assez sombres. Au troisième trimestre 2010, le PIB de l'Union européenne est encore inférieur de 3,2 % à son niveau d'avant la crise (graphique 15). Et l'emploi ne redémarre pas vraiment : il reste inférieur de 3 % à son niveau d'avant la crise, ce qui correspond à la destruction de 5,3 millions d'emplois dans l'Union européenne à Quinze. Le chômage, qui tendait à reculer au cours des deux années précédant la crise, a franchi une spectaculaire marche d'escalier, puisqu'il passe de 6,8 % au premier trimestre 2008 à 9,5 % au troisième trimestre 2010. Le nombre de chômeurs est passé sur cette même période de 13 millions à 18,4 millions dans l'Union européenne à Quinze.

Cependant, cette montée du chômage est sous-estimée si l'on ne tient pas compte des retraits du marché du travail de personnes qui renoncent à chercher un emploi et disparaissent des statistiques du chômage. Sans ces retraits, on peut estimer que le taux de chômage aurait été supérieur de 1,5 point, atteignant 11 % au lieu de 9,5 %. Si l'on prolonge ces tendances en postulant une croissance du PIB de 1,5 % par an et de la productivité de 0,5 %, avec une hypothèse d'évolution de la population active, on obtient le résultat essentiel suivant : le taux de chômage ne devrait baisser que très lentement en Europe. Et il stagnerait en cas de retours des personnes « découragées » sur le marché du travail [1]. Plus

1. Voir Michel Husson, « Le poids de la crise sur l'emploi en Europe », note n° 20, septembre 2010, http://hussonet.free.fr/empcrise.pdf.

Graphique 15. Croissance, emploi et chômage, Union européenne à Quinze, 2001-2015

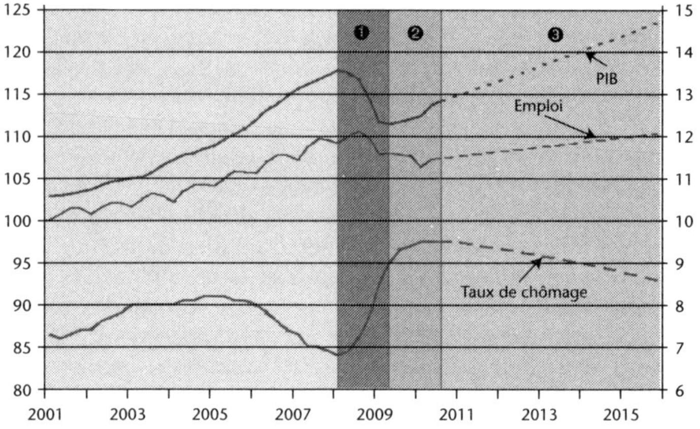

1. Déclenchement. 2. « Reprise ». 3. « Sortie de crise ».
PIB et emploi : base 100 en 2001 (échelle de gauche). Taux de chômage en % (échelle de droite).
Source : Eurostat jusqu'en 2010 ; projection ensuite.

généralement, le capitalisme va se trouver confronté à quatre grandes contradictions dans la période ouverte par la crise.

QUATRE GRANDES CONTRADICTIONS

Dilemme de la répartition : rétablissement de la rentabilité ou emploi ? La crise a brutalement interrompu la tendance du profit à la hausse. Cette dégradation s'explique en grande partie par l'évolution de la productivité du travail, qui a fortement baissé, dans la mesure où les effectifs ne se sont que partiellement ajustés au recul de la production. Mais, sous le feu de la concurrence, les entreprises vont chercher à rétablir leurs profits, soit en ajustant les effectifs, soit en gelant, voire en baissant les salaires et les prestations sociales. L'une des préoccupations des organismes internationaux est clairement de remettre en cause les mesures de baisse du temps de travail et d'augmentation des prestations sociales prises dans l'urgence de la crise. Dès 2009, une mission du FMI écrivait que ces mesures, « aussi importantes qu'elles soient pour accroître les revenus et maintenir la main-d'œuvre sur le marché du travail », devraient être « intrinsèquement réversibles [1] ». Cet ajustement de l'emploi et des salaires va alors enclencher une nouvelle boucle récessive par compression du revenu des ménages.

Dilemme de la mondialisation : résorption des déséquilibres ou croissance mondiale ? L'un des principaux moteurs de l'économie mondiale a été, avant la crise, la surconsommation des ménages aux États-Unis. Elle peut difficilement être reconduite. La « définanciarisation » amorcée avec la hausse du taux d'épargne conduit à une nouvelle contradiction puisqu'une moindre consommation pour un revenu donné signifie aussi une croissance moins dynamique. « L'économie américaine reconstruite doit être plus orientée vers l'exportation et moins vers la consommation [2] », expliquait Lawrence Summers, le conseiller économique de Barack Obama. Mais cette option suppose l'amélioration de la compétitivité des exportations américaines, qui ne peut être obtenue que grâce à une baisse continue du dollar. L'injection massive de monnaie (*quantitative easing*) est une mesure de soutien forcément transitoire, qui contribue elle aussi à creuser les déséquilibres mondiaux. La baisse du dollar va peser sur une croissance déjà défaillante en Europe et, combinée avec la création monétaire, elle va imposer aux pays émergents une réévaluation de leurs monnaies et aura pour effet de fractionner encore plus l'économie mondiale [3]. Dès lors, l'incertitude la plus grande pèse sur la trajectoire du dollar et sur le financement par le reste du monde du déficit américain. *Vice versa*, un recentrage de l'économie chinoise réduirait ses excédents, mais aussi ses importations dont une grande partie est tirée par ses exportations. Au total, c'est toute la configuration de l'économie mondiale qui est remise en cause.

Dilemme budgétaire : résorption des déficits ou dépenses sociales ? La crise et les plans de relance ont conduit à un gonflement considérable des déficits que les gouvernements, notamment européens, ont décidé de résorber, d'autant plus qu'ils n'ont pris aucune mesure pour se préserver des assauts des marchés finan-

1. FMI, *Déclaration de la mission du FMI sur les politiques mises en œuvre dans la zone euro*, 8 juin 2009, http://tinyurl.com/fmieuro9.

2. Lawrence H. SUMMERS, *Rescuing and Rebuilding the US Economy*, discours du 17 juillet 2009, http://tinyurl.com/lsexpor.

3. Michael HUDSON, « US quantitative easing is fracturing the global economy », *Working Paper*, n° 639, Levy Economics Institute, novembre 2010, http://gesd.free.fr/hudsonqi.pdf.

ciers. C'est ce que Jean-Claude Trichet préconisait dès 2009 : « Le processus d'ajustement structurel devrait commencer, en tout cas, au plus tard lors de la reprise de l'activité économique. En 2011, il faudra intensifier les efforts [1]. » Mais c'est condamner l'Europe à une faible croissance et à la régression sociale.

Dilemme européen : chacun pour soi ou coordination ? L'Europe est en train d'imploser en tant qu'entité économique. Le processus de fractionnement avait commencé bien avant la crise, mais il a franchi un seuil dans la mesure où les différents pays de l'Union sont inégalement frappés par la crise, en fonction du poids relatif de la finance, de l'immobilier et de l'automobile, et de leur mode d'insertion dans le marché mondial. Une véritable politique économique coordonnée est donc hors d'atteinte, d'autant plus que l'Union européenne s'est volontairement privée des institutions qui permettraient de la mener : pas de budget, pas de politique de change, pas de coordination fiscale. L'Europe de la concurrence « libre et non faussée » est logiquement condamnée au chacun-pour-soi et l'on assiste à une véritable débâcle du mode de construction choisi.

L'ensemble de ces dilemmes dessine une « régulation chaotique » qui correspond à la navigation à vue du capitalisme entre deux impossibilités : impossibilité (et refus) de revenir au capitalisme relativement régulé des trente glorieuses ; impossibilité de rétablir les conditions de fonctionnement du modèle néolibéral, parce que celui-ci reposait sur une fuite en avant aujourd'hui achevée. L'impasse se résume à ceci : le capitalisme veut revenir à son fonctionnement d'avant la crise, mais c'est impossible.

Bibliographie choisie

AGLIETTA Michel, *La Crise. Les voies de sortie*, Paris, Michalon, 2010.
GÉNÉREUX Jacques, *La Grande Régression*, Paris, Seuil, 2010.
HUSSON Michel, *Un pur capitalisme*, Lausanne, Page Deux, 2008.
LORDON Frédéric, *La Crise de trop*, Paris, Fayard, 2009.
STIGLITZ Joseph, *Le Triomphe de la cupidité*, Arles, Actes Sud, 2011.

1. Jean-Claude TRICHET, conférence de presse du 2 juillet 2009, http://tinyurl.com/trichet79.

CONCLUSION

> « C'est seulement dans les pays retardés du monde que l'accroissement de la production est un objectif important : dans les plus avancés, ce dont on a besoin sur le plan économique est une meilleure répartition. »
>
> John Stuart Mill, *Principes d'économie politique*, 1848.

La crise aurait pu conduire à un retour à un capitalisme mieux régulé. Ce serait en effet une manière logique d'en tirer les enseignements. Mais cette voie est hors de portée, pour deux raisons essentielles. La première est que les bénéficiaires du néolibéralisme, ou leurs représentants, sont aux commandes et qu'ils n'ont aucune intention de renoncer à leurs privilèges. Et le rapport de forces social et politique qui serait nécessaire pour imposer un tel tournant est pour l'instant hors de portée. À cela s'ajoute la mondialisation qui a, pourrait-on dire, « extraterritorialisé » ces rapports de forces. Pour le dire autrement, il n'existe pas au niveau mondial, pas même au niveau européen, les institutions où pourraient s'élaborer de nouvelles règles du jeu visant à dégonfler la finance et assurer une répartition des revenus plus soutenable.

Ce constat est renforcé par le « grand basculement » qui conduit à distinguer le vieux capitalisme des pays dits avancés et celui des pays dits émergents : le premier s'épuise, le second fait preuve d'une très grande vitalité et prend en quelque sorte le relais. Mais la confrontation entre ces deux pôles ne peut conduire à une configuration stable. L'effet boomerang de la mondialisation vient remettre en cause la suprématie du Nord et la pérennité de ses structures sociales. Au Sud, le caractère extrêmement inégalitaire de la croissance capitaliste exacerbe des tensions sociales symétriques. On pourrait imaginer un rattrapage, mais cette vision optimiste ne tient pas compte des très longs délais nécessaires à une telle convergence. Elle oublie aussi que le rattrapage est pour l'instant, et sans doute pour longtemps, fondé sur les formes les plus rétrogrades d'exploitation et sur un degré d'inégalités très élevé. Ce sont les bouleversements sociaux au Sud qui pourront modifier cette trajectoire. Mais, là encore, force est de constater leur relative faiblesse.

Le capitalisme a besoin de croissance pour se perpétuer. C'est ce qui a fondé sa force de transformation, mais c'est aujourd'hui l'une de ses principales faiblesses face aux défis environnementaux. La formidable progression de la productivité engendrée par le capitalisme s'est en effet alimentée d'un usage quasiment gratuit de l'énergie. Mais cette logique vient aujourd'hui buter sur la contrainte écologique.

De tous ces points de vue, le capitalisme est devenu sous-optimal : ce n'est plus le meilleur des systèmes concevables. La manière dont il cherche à surmonter ses contradictions est de plus en plus régressive, comme le montrent les plans d'austérité en Europe. Toute « sortie de crise » implique aujourd'hui une violence sociale renouvelée.

Le capitalisme n'est pas pour autant un fruit mûr et ne s'effondrera pas malgré sa perte d'efficacité. L'idée même d'une « crise finale » est intrinsèquement absurde, parce que le capitalisme n'est pas seulement un modèle économique, mais un ensemble de rapports sociaux ; et ceux-ci ne peuvent être remis en cause que par l'initiative de forces sociales décidées à les dépasser.

Ce qui est en cause aujourd'hui, c'est donc la légitimité sociale (et écologique) du capitalisme. Tout au long de ce livre, quitte à nous faire parfois l'avocat du diable, nous avons souligné les performances du capitalisme, pour mieux montrer qu'elles sont entrées dans une phase de rendements décroissants. Le capitalisme revendique aujourd'hui son incapacité à satisfaire une fraction croissante des besoins sociaux. Et ceci vaut aussi pour les pays émergents, dont les succès reposent en grande partie sur l'exclusion de couches sociales et de régions entières du globe. La logique profonde du système le rend également incapable de satisfaire ce que l'on pourrait appeler les « besoins écologiques » de l'humanité dans la mesure où sa logique est intrinsèquement contradictoire avec les exigences de la lutte contre le réchauffement climatique.

Ce diagnostic peut paraître pessimiste. Il est surtout réaliste : le capitalisme est aujourd'hui un obstacle au bien-être de l'humanité. La voie consistant à le réguler et à l'encadrer est plus bouchée que jamais et il reprend sa liberté en faisant apparaître sa nature profonde qui consiste à se perpétuer par la régression sociale. C'est pourquoi sa mise en cause profonde en tant que système devient, plus que jamais, vitale.

Bibliographie choisie

COUTROT Thomas, *Jalons vers un monde possible*, Latresne, Le Bord de l'eau, 2010.

DURAND Cédric, *Le capitalisme est-il indépassable ?*, Paris, Textuel, 2009.

GEORGE Susan, *Leurs Crises, nos solutions*, Paris, Albin Michel, 2010.

MASSIAH Gustave, *Une stratégie altermondialiste*, Paris, La Découverte, 2011.

TABLE

Composition Facompo, Lisieux
Achevé d'imprimer en février 2012
sur les presses de l'imprimerie
Normandie Roto Impression s.a.s. à Lonrai.
Dépôt légal : février 2012
Numéro d'imprimeur : 120406

Imprimé en France